W0198440

Collection dirigée par Alain Bentolila

Un Monde à Lire

Kimamila CE1

Programme 2016

Catherine Boyer
Maitre de conférence

Isabelle Le Guay
Orthophoniste

Nadine Robert
Conseillère pédagogique

Cahier-livre 1

Prénom ______________________

Nom ______________________

Nathan

Sommaire

Période 1

Christian Lamblin

Ces leçons contiennent des exercices sur les homophones, les mots de la même famille, les préfixes et les suffixes.

Période 2

Sylvie Fournout

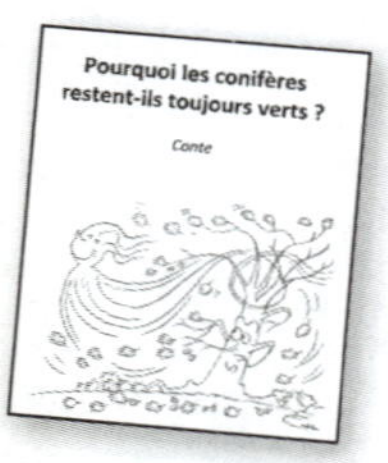

Ces leçons contiennent des exercices sur les homophones, les mots de la même famille, les préfixes et les suffixes.

Période 3

Marc Cantin

Ces leçons contiennent des exercices sur les homophones, les mots de la même famille, les préfixes et les suffixes.

ISBN : 978-2-09-124088-6

Voici les trois albums que tu vas lire :

Observe ces couvertures, tu les retrouveras dans les pages de ton cahier-livre.

Voici les deux livres que tu vas construire et compléter :

Voici les petits dessins pour te repérer dans les différentes activités :

Je découvre

Tu découvriras de nouvelles notions avec tes camarades.
La recherche se fera collectivement et à l'oral.

Je m'entraine

Tu feras des exercices pour mieux comprendre les nouvelles notions.
Tu chercheras les réponses oralement avec tes camarades puis tu les écriras.

Je mémorise

Tu devras mémoriser l'écriture de certains mots fréquents et les utiliser oralement.

J'écris

Tu t'entraineras à écrire des phrases puis de petits textes.

Une ou deux activités supplémentaires sont parfois proposées pour les élèves qui ont fini plus tôt.

Une rentrée à l'école des Hérons

- **Observe** la couverture du livre. **Entoure** le titre en bleu, l'auteur en vert et l'illustrateur en rouge.
- Que vas-tu découvrir dans ce livre ? Combien y a-t-il de personnages dans l'histoire ? En connais-tu déjà certains ?

Durant cette période, tu liras aussi l'histoire de *La soupe au caillou.*

épisode 1

Un départ difficile

Relis ce passage de l'histoire à haute voix. **Fais attention** aux liaisons.

Soudain, quelqu'un frappe au carreau. C'est monsieur Asperge, le voisin.
– Êtes-vous en panne ? demande-t-il. Si vous voulez,
j'emmène les enfants à l'école.
– Oui, merci beaucoup, répond le papa.
Mes enfants vont à l'école des Hérons.
Manu et Alorie montent dans la voiture du voisin, et les voilà partis.
Au bout de dix minutes, monsieur Asperge est perdu.
Il arrive dans un quartier inconnu, très différent du quartier où ils habitent.

1 **Coche** la bonne réponse. Puis **réponds** à la question.

Qui frappe au carreau de la voiture ?

☐ Le voisin. ☐ Kimamila. ☐ Le directeur.

Pourquoi monsieur Asperge propose d'emmener les enfants à l'école ?

☐ Parce qu'il connait très bien le chemin.
☐ Parce que les enfants vont être en retard à l'école.
☐ Parce que les enfants aiment beaucoup monsieur Asperge.

Comment s'appelle l'école de Manu et Alorie ? ______________________

2 **Souviens-toi** de l'épisode 1. **Relie** chaque phrase au personnage qui la prononce.

• « Êtes-vous en panne ? » •
• « Moi directeur école. Vous être élèves nouveaux ? » •
• « Ah, voilà l'école des Hérons ! Dépêchez-vous ! » •

3 **Dessine** le directeur de l'école.

Manu et Alorie entrent dans la cour de l'école.
Un homme vient vers eux.
Il a un vêtement en peau de léopard et il est pieds nus.

épisode 2

Une école très bizarre…

Relis ce passage de l'histoire à haute voix. **Fais attention** aux liaisons.

Manu et Alorie ne comprennent pas bien ce qui se passe.
– Voilà maitresse, dit le directeur.
Les enfants découvrent alors une maitresse habillée comme Blanche-Neige.
Elle est entourée d'une dizaine d'élèves. Ils ont tous des costumes de héros du cinéma ou de la télévision.
Quelle école bizarre ! pensent Manu et Alorie.

1 **Écris** vrai ou faux.

Manu et Alorie comprennent très bien ce qui se passe. ____________

La maitresse est habillée comme Blanche-Neige. ____________

Les élèves ont des costumes de héros. ____________

2 **Souviens-toi** de l'épisode 2. **Entoure** les héros qui sont à l'école avec Manu et Alorie.

Maya l'abeille

T'choupi

Batman

Schtroumpf

Blanche-Neige

Superman

Tintin

3 **Relie** chaque phrase au personnage qui la prononce.

Batman •

• « Moi, j'ai sauvé un petit garçon. » •

• « Moi, j'ai ramassé des coquillages. » •

• « Moi, j'ai appris à voler ! » •

• Maya

4 **Numérote** les images dans l'ordre de l'histoire. Puis **raconte-la** à tes camarades.

Oral

Quelle image correspond au passage ci-dessus ? ____________

Dans ma cour...

Relis ce passage de l'histoire à haute voix.

La cour ressemble à un jardin merveilleux avec des champignons géants et des fleurs de toutes les couleurs. Il y a des enfants qui s'amusent autour d'un tourniquet...

1 **Dessine** la cour de l'école de l'histoire.

Cette cour ressemble-t-elle à ta cour d'école ? Pourquoi ? ______

2 **Observe** cette cour d'école.

Oral

À l'aide de ces mots, **décris** ce que tu vois.

une marelle – des bancs – des arbres – un but – un potager – des salades – des tomates

À quoi aimerais-tu jouer dans cette cour d'école ?

À quoi joues-tu dans la cour de ton école ?

3 **Complète** ces phrases.

Dans cette cour,

Je jouerais

Dans ma cour, je joue

épisode 3

L'école des Héros

Relis ce passage de l'histoire à haute voix.

Alorie ouvre doucement le cartable de Manu.
– Nous sommes partis sur une planète lointaine, raconte la petite fille. Au début, nous avions peur parce que ses habitants sont très différents de nous. Ils sont petits et ils ne parlent pas notre langue. Heureusement, nous avons vite compris qu'ils étaient très gentils. Nous sommes même devenus amis avec l'un d'entre eux.

Colorie la cinquième phrase de ce texte. **Entraine-toi** à la lire.

1 **Écris** qui est ils dans l'histoire.

Ils sont petits et ils ne parlent pas notre langue.

____

2 **Souviens-toi** de l'épisode 3. **Coche** la bonne réponse. Puis **réponds** à la question.

Qu'a réellement fait Alorie pendant les vacances ?

- ☐ Elle a construit des châteaux de sable.
- ☐ Elle est partie sur une autre planète.

Que fait Kimamila quand il sort du cartable ? ______________________________

3 **Complète** les bulles.

Que dit Manu ?

Est-ce que ______________________________
____

Que répond la maitresse ?

Pas du tout, ______________ vous
____

4 **Écris** pourquoi, à ton avis, Alorie et Manu ne peuvent pas rester dans cette école.

____
____
____

épisode 4

L'école des Hérons

Relis ce passage de l'histoire à haute voix.

Manu appuie sur la sonnette. Un homme arrive.
Il a un costume et une cravate.
– Je suis le directeur de l'école, dit l'homme.
Êtes-vous les nouveaux élèves ?
– Oui, répond Manu. Nous sommes un peu
en retard parce que… parce que… parce qu'on s'est perdus.
– Ce n'est pas grave pour aujourd'hui, vous serez à l'heure demain,
dit le directeur. Je vais vous accompagner dans votre classe.

Entoure la phrase interrogative. Comment dois-tu la lire à haute voix ?
Retrouve les 3 petits points qui se suivent dans le texte. Pourquoi sont-ils là ?

1 **Écris** qui est il et qui est je dans l'histoire.

Il a un costume et une cravate. Je vais vous accompagner dans votre classe.

Il → ____________ Je → ____________

2 **Souviens-toi** de l'épisode 4. **Coche** les bonnes réponses.

Dans ce chapitre, qui emmène Manu et Alorie à leur école ?

☐ T'choupi. ☐ Superman. ☐ Maya l'abeille. ☐ Le voisin.

Comment sont les élèves dans la classe ?

☐ Ils sont assis. ☐ Ils se disputent. ☐ Ils lèvent la main. ☐ Ils chantent.

3 **Complète** chaque phrase avec le mot qui convient : normalement – rassurés – normale.

La maitresse est ____________.
La journée se passe ____________.
Manu et Alorie sont ____________.

4 **Dessine** le directeur de cette école et compare avec ton dessin page 6.

Un homme arrive.
Il a un costume et une cravate.

Des mots sur l'histoire

1 **Recopie** les mots qui expliquent ce qui est ressenti.

Manu et Alorie sont inquiets. – Manu n'est pas très rassuré. – Au début nous avions peur. – Kimamila est ravi. – Manu et Alorie sont gênés.

2 **Entoure** les mots qui désignent des actions.

Kimamila accompagne Manu et Alorie.

Les enfants découvrent une maitresse habillée comme Blanche-Neige.

Maya l'abeille distribue des tartines de miel.

3 **Entoure** les mots qui précisent comment sont les choses.

un quartier inconnu – un jardin merveilleux – une école bizarre – une nouvelle école – les pieds nus – une idée géniale

Quelle question as-tu posée pour les trouver ?

4 **Recopie** ensemble les mots de la même famille.

une connaissance – inquiet – une gêne – une inquiétude – gênant – inconnu – gêner – connaitre – s'inquiéter

5 **Remets** ces lettres dans l'ordre pour trouver un mot.

v e l m e i r l x u e

Oral **Cherche** des phrases avec ce mot.

+ **Écris** une phrase avec ce mot.

Des listes

1 **Lis** ces deux documents. De quoi s'agit-il ? ______________________

Acheter :
- 3 tranches de jambon
- 2 kilos de carottes
- 6 pommes
- une salade
- une douzaine d'œufs
- du fromage

Les fournitures scolaires de CE1
- des crayons de couleur
- un crayon de papier
- un stylo bleu
- une règle
- une gomme
- un bâton de colle

À quoi vont servir ces listes ? Où peut-on acheter tout cela ?

2 **Lis** ces deux listes de vêtements. Laquelle lis-tu le plus facilement et pourquoi ?

Pour les vacances, prévoir dans la valise : des bottes de pluie, 3 chemises, un imperméable, un gros pull, 2 pantalons, des chaussettes, des affaires de toilette...

Pour les vacances, prévoir dans la valise :
- des bottes de pluie,
- 3 chemises,
- un imperméable,
- un gros pull,
- 2 pantalons,
- des chaussettes,
- des affaires de toilette...

Comment présente-t-on une liste ?

____

____

3 **Cherche** avec tes camarades dans quelles situations on peut écrire une liste.

____

____

4 Oral **Observe** les dessins, puis **nomme** ce que tu dois mettre dans ton sac de piscine.

Complète cette liste pour ne rien oublier dans ton sac de piscine.

- un maillot de bain
-
-
-
-
-

5 Voici le menu prévu pour demain. Il faut aller faire des courses.
Écris la liste des ingrédients dont tu as besoin pour réaliser ce menu.

Menu

Tranche de melon

*

Poulet rôti

Haricots verts et pommes de terre à l'eau

*

Fromage de chèvre sur salade verte

*

Glace à la vanille avec des biscuits

Acheter :

Une rentrée à l'école des Hérons

1 **Remets** les titres des épisodes dans le bon ordre.

- L'école des Héros
- Un départ difficile
- L'école des Hérons
- Une école très bizarre

1. ______
2. ______
3. ______
4. ______

2 **Colorie** en bleu ce qui correspond à l'école des Héros et en vert ce qui correspond à l'école des Hérons.

La maitresse est habillée comme Blanche-Neige.

Les élèves lèvent la main.

Quel brouhaha !

La cour ressemble à un jardin merveilleux.

La maitresse est normale.

Le directeur a un costume et une cravate.

Les élèves ont des costumes de héros du cinéma ou de la télévision.

Les élèves sont sagement assis à leur table.

3 Oral **Explique** quelle école tu préfères. **Écris-le.**

Je préfère ______

parce que ______

4 **Complète** chaque phrase avec : mais – car. **Compare** avec tes camarades.

Alorie et Manu arrivent enfin à l'école ______ cette école est bizarre.

Alorie et Manu arrivent enfin à l'école ______ monsieur Asperge les a accompagnés.

Alorie et Manu arrivent enfin à l'école ______ ils sont montés sur le dos de Superman.

Alorie et Manu arrivent enfin à l'école ______ ils sont très en retard.

La soupe au caillou

épisode 1

Lis ce passage de l'histoire à haute voix.

Dans un village au cœur d'une forêt profonde, les habitants connaissent tous les contes traditionnels d'ogres et d'ogresses. Ils se racontent ces histoires lors des longues soirées d'hiver. Mais pourquoi connaissent-ils ces contes ?

1 **Coche** la bonne réponse.

Où se situe ce passage dans le premier épisode ?

☐ Au début. ☐ Au milieu. ☐ À la fin.

Les habitants connaissent des histoires :

☐ De fées et de sorcières. ☐ D'ogres et d'ogresses.

☐ De princes et de princesses.

2 **Écris** qui est Ils.

Ils se racontent ces histoires lors des longues soirées d'hiver.

3 **Souviens-toi** de l'épisode 1 et **réponds** aux questions. **Aide-toi** des mots des questions pour formuler tes réponses.

Qui arrive au village ?

Que propose l'ogre aux enfants ?

+ Pourquoi les enfants sont-ils effrayés ?

épisode 2

La soupe au caillou

Lis ce passage de l'histoire à haute voix.

À son retour, l'ogre coupe des morceaux de lard et les ajoute à la soupe. Puis, avec la cuillère en bois, il remue la soupe. Les enfants, très attentifs, le regardent.
– Hum ! dit l'ogre cuisinier, il manque quelques oignons ! Des ognons amélioreraient ma soupe au caillou.
– Je vais en chercher dans la grange de mon grand-père. Je peux en rapporter deux ou trois, dit la fille d'un paysan.

Entoure dans le texte ce qui permet de savoir que deux personnes parlent. Quelles sont ces personnes ?

1 **Écris** qui est [les].

L'ogre [les] ajoute à la soupe.

Écris qui est [le].

Les enfants, très attentifs, [le] regardent.

2 **Écris** ce que va chercher la fille d'un paysan.

3 **Souviens-toi** des épisodes 1 et 2.
Relie ce que chacun a rapporté à l'ogre depuis le début de l'histoire.

le fils du charcutier •	la fille du menuisier •	la fille d'un paysan •
• la cuillère	• le lard	• les ognons

4 **Dessine** les trois ingrédients mis dans la soupe à ce moment de l'histoire et **nomme**-les.

épisode 3

La soupe au caillou

Complète ce passage avec les verbes qui conviennent. **Relis** le texte à haute voix.

L'ogre ________ chaque légume en morceaux et les ajoute à la soupe. Régulièrement, il ________ sa soupe dans la grande marmite.
– Hum ! dit l'ogre cuisinier, la soupe est presque prête. Il ________ juste un peu de thym et de laurier et ce sera un vrai régal !
– Mon oncle en a dans son jardin, je ________ tout de suite, dit la fille du maire.

remue | reviens | manque | coupe

1 **Entoure** dans le texte ce qui permet de savoir que deux personnes parlent. Puis **réponds** aux questions.

Qui sont ces personnes ? ________

Qui va chercher ce que désire l'ogre ? ________

2 **Entoure** les 4 phrases qui ont le même sens que la phrase en bleu :

Ce sera un vrai régal !

Ce sera délicieux !	Ce sera une vraie soupe !	Ce sera succulent !
Ce sera charmant !	Ce sera savoureux !	Ce sera très bon !

3 **Souviens-toi** des épisodes 1, 2 et 3.
Entoure tous les ingrédients qui sont dans la soupe au caillou.

du lard	du sel et du poivre	des poireaux	un caillou
des poires	des pommes de terre	des ognons	du thym et du laurier

4 **Décris** les dessins et **coche** celui qui correspond à l'attitude des parents à la fin de l'épisode 3.

Oral

☐ 

☐ 

☐ 

épisode 4

La soupe au caillou

Complète ce passage avec les verbes qui conviennent. **Relis** le texte à haute voix.

L'ogre prend la parole et dit :

– Dans les contes, on parle des ogres qui se nourrissent d'enfants. Moi, je suis trop vieux, vous ne ______________ plus rien. ______________-vous avec nous et ______________ ma soupe. Je vais vous raconter comment, dans certains contes, les ogres sont victimes des ruses des hommes. ______________ la véritable histoire du Petit Poucet.

craignez
Écoutez
dégustez
Asseyez

1 **Souviens-toi** de l'épisode 4. **Coche** la bonne réponse.

Pourquoi l'ogre de l'histoire n'est-il plus dangereux ?

☐ Parce qu'il est vieux. ☐ Parce qu'il n'a pas faim. ☐ Parce qu'il dort.

Que font les habitants du village toute la nuit ?

☐ Ils dorment. ☐ Ils mangent de la soupe. ☐ Ils écoutent des histoires.

2 **Coche** les bonnes réponses.

Quand peut-on faire confiance à quelqu'un ?

☐ Quand il raconte un mensonge. ☐ Quand il dit la vérité.

☐ Quand il est honnête. ☐ Quand il est curieux.

3 **Nomme** les deux histoires racontées par l'ogre dans l'épisode 4.

____

4 **Souviens-toi** de tous les épisodes. **Coche** le résumé qui correspond à l'histoire.

☐ Un vieil ogre arrive dans un village. Il prépare avec l'aide des enfants une bonne soupe au caillou. Puis, l'ogre raconte des histoires d'ogres et d'ogresses à tout le village.

☐ Un ogre gros et affreux arrive dans un village. Il demande à manger aux habitants du village. Puis il raconte des histoires d'ogres et d'ogresses.

Des mots sur la soupe

1 **Oral** **Dis** les noms des légumes dessinés puis **trouve** d'autres aliments pour une soupe.

de l'eau – du lard – des ognons – du sel – du laurier

Écris la liste des aliments que tu aimerais mettre dans ta soupe.

2 Voici ce qu'il faut faire pour préparer une soupe :

couper les légumes – chauffer l'eau – cuire la soupe – remuer – surveiller la cuisson

Barre ce que l'on ne fait pas pour préparer une soupe.

mettre des cailloux – mettre du sucre – laver les légumes – renverser la soupe

3 Voici des mots qui disent comment peut être la soupe :

délicieuse – excellente – poivrée – épaisse – liquide

Entoure les mots qui pourraient s'ajouter à cette liste.

savoureuse – cuite – salée – méchante – chaude

4 **Complète** les listes avec d'autres mots qui conviennent.

Ce que l'on peut mettre	Ce qu'il faut faire	Comment est la soupe ?
de l'eau – du sel du lard – des ognons	couper des légumes chauffer de l'eau	délicieuse savoureuse – poivrée

5 **Regarde** l'image et **écris** ce qui se passe. **Aide-toi** des mots écrits ci-dessus.

D'autres histoires à lire

Voici d'autres livres qui racontent des versions différentes de *La soupe au caillou*.

1 **Compare** ces deux ouvrages : titre, auteur, éditeur.

Tony Bonning
et Sally Hobson
Éditeur : Milan

Jon J. Muth
Éditeur : Circonflexe

2 **Lis** ces deux résumés.

1. À son arrivée dans une ferme, un renard affamé demande de la nourriture aux animaux qui se montrent très méfiants à son égard. Rusé, le renard se lance dans la préparation d'une soupe au caillou... Intrigués, les animaux de la ferme, les uns après les autres, l'aident à enrichir la soupe. Ils apportent chacun un ingrédient différent.

2. Trois moines chinois s'arrêtent dans un village mais les habitants se méfient des étrangers. Ils ferment portes et fenêtres à l'arrivée des moines. Les moines décident alors de préparer une soupe aux cailloux. Intrigués par cette étrange préparation, les villageois vont finir par aider les moines en apportant quelques ingrédients.

Observe les couvertures de ces livres.
Relie chaque résumé au bon livre.
Souligne dans chaque résumé ce qui t'a aidé(e) à trouver la réponse.

3 **Lis** cette autre version de l'histoire et **réponds** aux questions.

Tony Ross
Éditeur : Mijade

Un loup, un peu idiot, annonce à une poule qu'il veut la manger et lui voler ses affaires. Celle-ci ne perd pas courage et trouve une ruse.

Elle propose au loup de préparer une soupe au caillou avant de la manger. Curieux, le loup accepte. La poule n'a qu'un caillou. Elle propose donc d'aller chercher un autre ingrédient pendant que le loup s'occupe de la vaisselle.

À son retour, la poule ajoute un aliment. Le loup goute la soupe et précise qu'il manque quelque chose. La poule repart et en profite pour confier au loup une nouvelle tâche. Ainsi, peu à peu, il fait la vaisselle, passe l'aspirateur, coupe du bois, nettoie la cheminée... jusqu'à ce qu'enfin, la soupe soit terminée.
Le loup est épuisé. Il trouve la soupe délicieuse mais il n'a plus assez de force pour manger la poule...

Quels sont les deux personnages de l'histoire ?

Lequel est le plus rusé ?

4 **Oral** **Raconte** avec tes camarades les différentes histoires de *La soupe au caillou*.

Entoure celle que tu préfères et **écris** pourquoi.

Lire et comprendre des plans

1 Oral

Décris ce que tu vois sur chacune des représentations.
Que constates-tu ? Quelles sont les différences ?

Écris à la bonne place : plan, dessin, photo.
Quels sont les objets que tu reconnais sur le plan et à quoi les reconnais-tu ?

2 **Coche** la bonne réponse :

☐ Un plan, c'est la même chose qu'une photo.

☐ Un plan est un dessin simplifié vu de haut.

Un plan représente : ☐ un lieu. ☐ un moment. ☐ un personnage.

Un plan permet de représenter la position au sol et la taille des éléments les uns par rapport aux autres.

3 **Observe** ce plan d'une ferme.
Relie chaque symbole de la légende à ce qu'il représente.

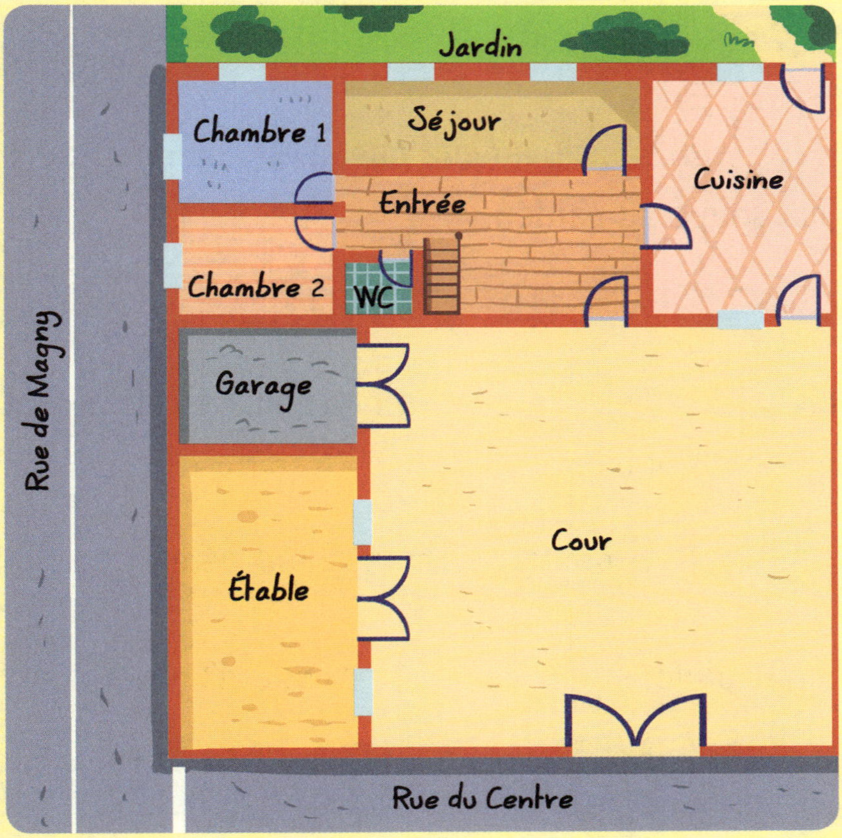

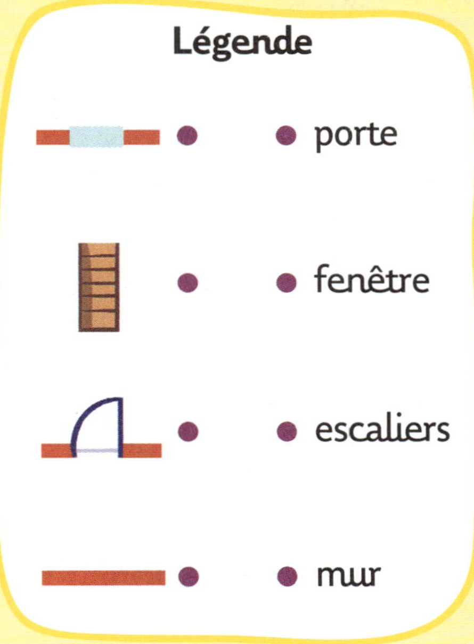

4 **Coche** les bonnes réponses :

- ☐ Lorsqu'on est dans la cour, il y a deux portes pour entrer dans la maison.
- ☐ La cuisine a deux fenêtres : l'une donne sur la cour, l'autre sur le jardin.
- ☐ Il y a un escalier dans le séjour.
- ☐ L'étable est entre le garage et la maison.

5 **Relie** ce que voit chacun des personnages au bon dessin.

Martine est dans le jardin. Myriam est rue de Magny. Pierre est dans la cour.

Écrire un nouveau passage

1 **Complète** le texte en t'aidant des étiquettes.

– Hum ! dit ____________________, il manque quelques __________ !
Des ognons amélioreraient ma soupe au caillou.
– Je vais en chercher dans ______________________________
dit ____________________.
À son retour, l'ogre coupe les ______________ en morceaux et les ajoute à la soupe. Puis, avec la cuillère en bois, il ____________________.

l'ogre cuisinier | la grange de mon grand-père | remue la soupe | ognons | la fille d'un paysan

2 **Oral** **Invente** un nouveau passage à cette histoire. **Écris** ce que tu as trouvé.

Choisis un nouvel ingrédient pour la soupe : ____________________
Choisis un enfant qui va aller le chercher : ____________________
Choisis le lieu où trouver ce nouvel ingrédient : ____________________

Puis **complète** le texte avec ce que tu as choisi.

– Hum ! dit l'ogre cuisinier, il manque ____________________ !
____________________ améliorerait ma soupe au caillou.
– Je vais en chercher ____________________ dit ____________________.
À son retour, l'ogre ______________________________
______________________________.
Puis, avec la cuillère en bois, il ____________________.

Illustre ton épisode.

Que la fête commence !

- **Observe** la couverture du livre. **Entoure** le titre en bleu, l'auteur en vert et l'illustrateur en rouge.
- Que vas-tu découvrir dans ce livre ? Combien y a-t-il de personnages dans l'histoire ?

Durant cette période, tu liras aussi l'histoire *Pourquoi les conifères restent-ils toujours verts ?*

épisode 1

Au voleur !

Relis ce passage de l'histoire à haute voix.

Je m'appelle Carla, j'ai 8 ans. J'habite un village qui se dresse fièrement entre le fleuve et la jungle. Une écharpe de brume flotte au-dessus de la forêt. Notre pays est magnifique au lever du soleil !
Assis en rond sous un palmier, les hommes, les femmes et les enfants tressent des guirlandes de fleurs pour la fête du Soleil.

1 **Réponds** aux questions. **Aide-toi** des mots des questions pour formuler tes réponses.

Qui raconte cette histoire ? Comment le sais-tu ?

Où est situé le village ?

2 **Souviens-toi** de l'épisode 1. **Coche** les bonnes réponses.

Que savons-nous sur la fête du village ?

- ☐ C'est la fête des fleurs.
- ☐ C'est la fête du Soleil.
- ☐ La fête débute ce soir.
- ☐ La fête commence un dimanche.
- ☐ Le chef retourne le Grand Sablier d'or.
- ☐ Le chef remonte la Grande Montre du village.

3 **Numérote** les actions dans l'ordre de l'histoire.

- ☐ Les hommes poursuivent le voleur sur le fleuve.
- ☐ Un voleur emporte le sablier.
- ☐ Les enfants décident de chercher le voleur dans la jungle.
- ☐ Les enfants découvrent des empreintes dans la boue.

épisode 2

Prisonniers !

Relis ce passage de l'histoire à haute voix.

La forêt est sombre, pleine de cris et de dangers. Nous avançons prudemment entre les hautes herbes. Les arbres sont si serrés que le soleil peut à peine y faire une trouée.
– Là ! murmure tout à coup Matis. Une lumière !
Entre deux fougères géantes, nous apercevons une lanterne.

1 **Réponds** aux questions. **Aide-toi** des mots des questions pour formuler tes réponses.

Où sont les enfants ?

____

Qui a découvert une lumière ?

____

2 **Souviens-toi** de l'épisode 2. **Relie** les deux phrases qui ont le même sens.

Rentrons donner l'alerte. •	• Une silhouette sombre se dessine.
On les ligote à un arbre. •	• Retournons prévenir le village.
Une silhouette sombre se détache. •	• On les attache à un arbre.

3 **Numérote** les images dans l'ordre de l'histoire. Puis **raconte-la** à tes camarades.

Oral

Quelle image correspond au passage ci-dessus ? _______________

Le dialogue

Relis ce passage de l'histoire à haute voix.

J'ai juste le temps de me cacher derrière un tronc avant que les voleurs ne surgissent.
– Que faites-vous là ? demande l'un d'eux.
– Nous... nous nous promenons ! balbutie Iquitos.
– En pleine jungle ! Tu te moques de moi ! crie le voleur.
– Les gens du village doivent déjà les chercher, ajoute l'autre voleur.

Combien de personnages parlent ? ______ Comment le sais-tu ?
Comment appelle-t-on le passage d'un texte où plusieurs personnages parlent ?

____

1 **Relève** les verbes du texte qui indiquent comment s'expriment les personnages.

Exemple : Que faites-vous là ? **demande** l'un deux.

demande, ______________________________

2 **Lis** ce texte. Peux-tu facilement savoir ce que disent les personnages ? Pourquoi ?

J'ai mal au ventre, soupire Jérôme. Tu as une mauvaise mine, va t'allonger sur ton lit, répond maman. Mais je veux aller jouer chez Victor cet après-midi, pleurniche Jérôme. On verra après une bonne sieste, pour le moment, repos ! ajoute sa maman.

3 **Recopie** ce dialogue, sans oublier les tirets pour faire parler les personnages.

épisode 3

La fuite

Relis ce passage de l'histoire à haute voix. **Précise** quels mots remplacent les mots encadrés.

Après trois heures de marche, nous arrivons près du fleuve.

Nos deux voleurs sont là. Moi, je cherche des yeux le sablier. Ça y est !

Je le vois, il est tout près du bateau des bandits. Il va falloir agir vite.

Près de nous, un manguier ploie sous les fruits. Je vois dans les yeux d'Iquitos qu'il a la même idée que moi… Il grimpe dans l'arbre. Une fois là-haut, il se met à sauter sur les branches.

1 **Souviens-toi** de l'histoire.
Numérote les actions dans l'ordre de l'histoire.

- ☐ Matis trouve une boussole et une carte.
- ☐ Les trois enfants retrouvent les voleurs.
- ☐ Iquitos oriente la boussole et indique le chemin à suivre.
- ☐ Carla délivre ses amis.

2 **Explique** pourquoi Iquitos se met à sauter sur les branches.

3 **Écris** ce que dit Matis, fou de joie.

épisode 4

Une nouvelle saison

Complète le texte avec les mots ci-dessous. Puis **relis** ce passage à haute voix.

le crocodile – le sablier – la main – Matis – le silence

Trop tard ! Sous le choc, ________________ glisse, bascule par-dessus bord et… assomme le crocodile qui coule aussitôt à pic ! N'écoutant que son courage, ________________ plonge. L'angoisse monte. Et si ________________ se réveille ? Heureusement, Matis reparait quelques mètres plus loin, le sablier à ________________. Nous le hissons à bord. Nos cris de joie déchirent ________________.

1 **Numérote** les images dans l'ordre de l'histoire. Puis **raconte-la** avec tes mots.

Oral

Quelle image se passe juste avant le passage ci-dessus ? ________

2 **Souviens-toi** de l'épisode 4. **Réponds** aux questions.

Qui répond aux cris de joie des trois enfants ?

____

Pourquoi les trois amis sont-ils des enfants désobéissants ?

____

3 **Coche** la bonne réponse.

Qui fera le rite du retournement ?

- ☐ Le Grand Chef.
- ☐ Les trois amis.
- ☐ Les habitants du village.

Qui a vu le rayon vert du soleil ?

- ☐ Le Grand Chef.
- ☐ Les trois amis.
- ☐ Les habitants du village.

Des mots sur l'histoire

1 **Recopie** la bonne réponse.

- Foncer tête baissée :

  C'est avoir mal à la tête. – C'est se dépêcher, avancer très vite.

- Quand tremble-t-on comme une feuille ?

  Quand on a peur. – Quand un vent chaud souffle.

- Couler à pic, c'est :

  Couler lentement. – Couler droit au fond de l'eau.

Oral **Dis** des phrases en utilisant ces expressions.

2 **Relie** la phrase à la bonne image.

• Une écharpe de brume flotte au-dessus de la forêt. •

3 **Complète** chaque phrase de l'histoire avec le verbe précis qui convient.

hurle – précise – s'écrie – bégaie

– Un ja… ja… gua… gua… ____________-t-il.

– Mission réussie ! ____________ Matis, fou de joie.

– Direction nord-ouest, ____________ Iquitos en orientant la boussole.

– Attention ! Le sablier ! ____________ Iquitos.

Une notice de fabrication

1 **Lis** ce texte qui explique comment fabriquer une guirlande, puis **réponds** aux questions.

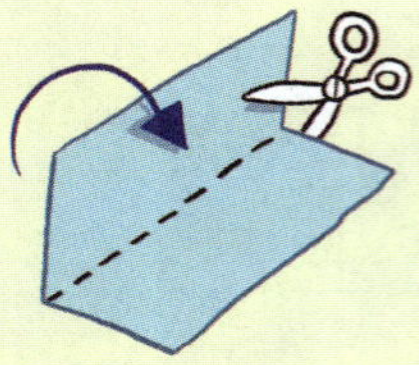

1. Plier une feuille en deux dans le sens de la longueur, puis couper cette feuille en deux afin d'obtenir 2 bandes.

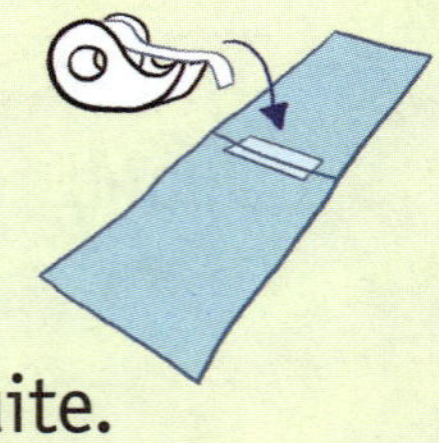

2. Coller ces 2 bandes bord à bord à l'aide de ruban adhésif.

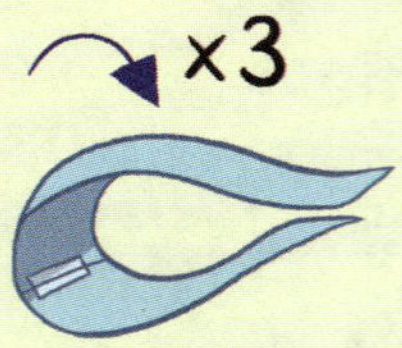

3. Plier cette grande bande en 2, trois fois de suite.

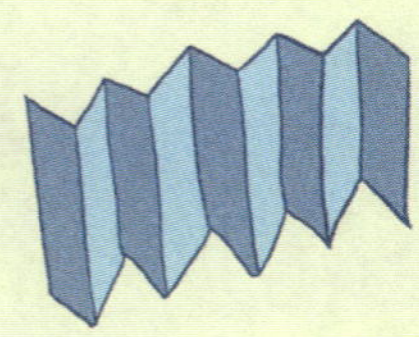

4. Déplier le tout puis replier à nouveau, **en accordéon cette fois**, en s'aidant des marques faites par le pliage.

5. Coller le modèle choisi sur la première page de l'accordéon (le premier pli devant se trouver sur la droite du dessin).

6. Découper ensuite autour du modèle sans couper l'ensemble des plis.

7. Déplier la guirlande.

À quoi servent ces phrases ? Comment les appelle-t-on ?

2 **Écris** le premier mot de chaque phrase.

S'agit-il de noms ou de verbes ?

3 **Relis** les consignes de la page 30 et **recopie** les verbes.

Ces verbes sont-ils écrits avec la même forme ? À qui s'adressent-ils ?

+ **Recherche** des situations où tu lis des consignes.

4 **Observe** ces images. Puis **complète** chaque consigne avec le verbe qui convient pour construire un sablier.

1. .... 2 bouteilles identiques.
2. .... du sable dans une bouteille.
3. .... les 2 bouteilles entre elles.
4. .... le sablier.

| Attacher |
| Retourner |
| Verser |
| Prendre |

Pourquoi les consignes sont-elles numérotées ?

....

5 **Observe** ces dessins et **lis** la liste du matériel.

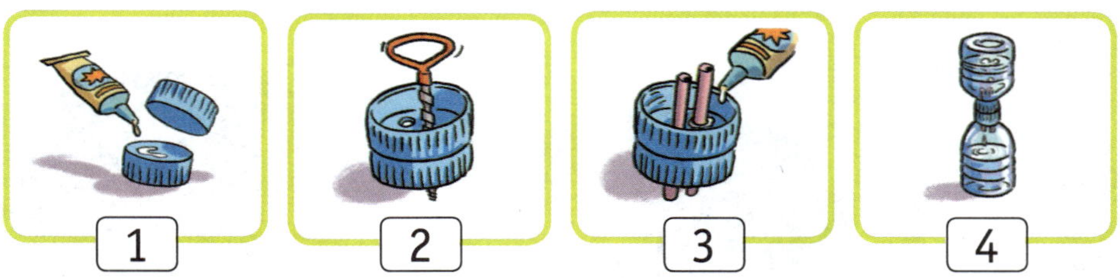

Liste du matériel
- *2 bouteilles avec bouchons*
- *de la colle forte*
- *2 morceaux de paille*
- *une vrille*
- *de l'eau*

Oral **Recherche** avec tes camarades les consignes de la notice de fabricatioon de ce sablier.

Puis **écris**-les.

1.

2.

3.

4.

Que la fête commence !

1 **Numérote** les phrases dans l'ordre de l'histoire. Puis **réponds** à la question.

☐ Carla, Iquitos et Matis découvrent des empreintes sur le sol.

☐ Nos amis retrouvent le Grand Sablier d'or, la fête peut commencer.

☐ Carla délivre ses amis et ils partent à la poursuite des voleurs.

☐ Des voleurs ont emporté le Grand Sablier d'or.

☐ Iquitos et Matis sont faits prisonniers.

Pourquoi, selon toi, le soleil lance-t-il un rayon vert que seuls les trois amis peuvent voir ?

2 **Oral** Quel est ton personnage préféré parmi les trois amis ? **Explique** pourquoi.

Puis **écris-le.**

Pourquoi les conifères restent-ils toujours verts ?

épisode 1

Lis ce passage de l'histoire à haute voix.

Il y a bien longtemps, dans les forêts du Grand Nord, vivait un jeune merle. Pendant l'été, il avait bien grandi et était devenu un merle fort et robuste. La veille du grand départ vers le sud, tous les oiseaux participaient au vol d'entrainement lorsqu'un grand héron heurta violemment le jeune merle.

– Tu ne peux pas faire attention, abruti ! s'exclama le héron en colère.

Il faut bien se dire que la colère du héron cachait le fait qu'il se savait en faute.

1 **Coche** les bonnes réponses.

Où se situe l'histoire ?

☐ Dans les mers du Sud. ☐ En France. ☐ Dans les forêts du Grand Nord.

De quels oiseaux parle-t-on dans ce passage ?

☐ Un pigeon. ☐ Un moineau. ☐ Un merle. ☐ Un héron. ☐ Un aigle.

À quel moment a lieu l'accident ?

☐ Le jour du départ. ☐ Lors du vol d'entrainement. ☐ Pendant l'été.

2 **Souviens-toi** de l'épisode 1 et **réponds** aux questions.

Pourquoi les oiseaux partent-ils vers le sud ?

____

Quelle est la blessure du jeune merle ?

____

3 **Dessine** la scène suivante.

Un grand héron heurta le jeune merle de plein fouet.

épisode 2

Pourquoi les conifères restent-ils toujours verts ?

Complète ce passage avec les mots qui conviennent. **Relis** le texte à haute voix.

Le jeune ______________ avait marché longtemps
lorsqu'il rencontra un vieux ______________ imposant.
– Dites-moi, monsieur le Chêne, puis-je, s'il vous plait,
construire un ______________ entre vos grandes branches ?
Je ne peux pas m'envoler vers les régions chaudes,
car je me suis cassé une ______________.
Ce ne sera que pour un ______________ !
Me le permettez-vous s'il vous plait ?

nid
chêne
merle
aile
hiver

1 **Réponds** aux questions. **Aide-toi** des mots des questions pour formuler tes réponses.

Où le merle veut-il construire son nid ?

____

Souviens-toi de l'épisode 2.

À combien d'arbres le jeune merle demande-t-il de l'aide ?

____

2 **Relie** chaque arbre à l'excuse qu'il donne pour ne pas aider le merle.

le chêne •	• Il me faut toutes mes branches pour garder mes feuilles.
le bouleau •	• Je ne te connais pas.
le saule •	• Tu mangeras mes glands, on se moquera de moi.

3 **Oral** **Cherche** une autre mauvaise excuse pour ne pas aider le jeune merle. **Écris-la.**

____

____

épisode 3

Pourquoi les conifères restent-ils toujours verts ?

Lis ce passage de l'histoire à haute voix.

Le septième jour, le merle arriva dans une clairière où se tenaient trois arbres les uns à côté des autres : un sapin, un pin et un genévrier.
– Où vas-tu ? demanda le grand pin, étonné. Il y a bien longtemps que tu devrais être dans un chaud pays du sud. Tu vas geler si tu ne pars pas très vite.

1 **Coche** les bonnes réponses.

Combien de temps le jeune merle erre-t-il dans les bois ?

☐ 6 mois. ☐ 6 jours et 6 nuits. ☐ 6 heures et 6 minutes.

Quels sont les arbres qui se trouvent dans la clairière ?

☐ Un sapin. ☐ Un chêne. ☐ Un pin.
☐ Un bouleau. ☐ Un genévrier. ☐ Un saule.

2 **Souviens-toi** de l'épisode 3 et **complète** les phrases suivantes avec le bon verbe.

nourrir – protéger – arrêter

– Je suis suffisamment grand et fort pour te ______________ contre tout danger.
– Mes branches sont suffisamment touffues pour ______________ le vent du Nord.
– Quant à moi, tu pourras te ______________ de mes baies tout l'hiver.

3 **Écris** vrai ou faux.

Le sapin protégera le nid du vent du Nord. ______________

Le genévrier a suffisamment de baies. ______________

Le merle construit son nid dans le genévrier. ______________

4 **Dessine** les trois arbres et le nid.

Oral **Compare** ton dessin avec ceux de tes camarades.

épisode 4

Pourquoi les conifères restent-ils toujours verts ?

Complète ce passage avec les mots qui conviennent. **Relis** le texte à haute voix.

– Stop, retentit soudain une ______________ forte. C'était le roi Hiver qui passait par le ______________, la tignasse blanche comme neige et des stalactites pendues à ses mains.
– Laisse ces trois ______________ tranquilles, commanda-t-il.
Je n'ai pas pitié des ______________, mais ces trois-là ont aidé un jeune merle qui demandait de l'______________.
Comme récompense, ils pourront rester verts pour toujours.

bois
aide
arbres
autres
voix

1 **Coche** les bonnes réponses.

Qui arrête le vent du Nord ?

☐ Un châtaigner. ☐ Le roi Hiver. ☐ Le printemps.

Pourquoi arrête-t-il le vent du Nord ?

☐ Pour apprendre au vent du Nord à souffler sur les feuilles.

☐ Pour parler au jeune merle. ☐ Pour récompenser les trois arbres.

2 **Relis** la description du roi Hiver. **Dessine**-le.

Oral **Compare** ton dessin avec ceux de tes camarades.

3 **Souviens-toi** de l'épisode 4 et **numérote** les phrases dans le bon ordre.

☐ Le vent du Nord tourna autour du saule et chassa toutes ses feuilles.

☐ Le vent du Nord souffla d'abord sur toutes les feuilles du chêne.

☐ Le vent du Nord arracha toutes les feuilles du bouleau en riant.

Des mots sur le conte

1 **Entoure** les mots qui désignent des sentiments désagréables.

Le jeune merle était effrayé.

Il avait le cœur gros et les plumes tristes.

Il perdait espoir.

Le chêne baissa la tête avec indignation.

Il répondit d'un air outré.

Le bouleau, en colère, lui parla d'un air méprisant.

2 **Recopie** les mots qui désignent des sentiments agréables.

Le saule avait le cœur bon.

Le sapin, le pin et le genévrier se regardèrent en souriant.

Tu peux rester, dit le grand pin chaleureusement.

Reconnaissant, le merle construisit son nid.

Le merle était heureux.

Le vent du Nord aperçut le petit merle et fut attendri.

3 **Oral** **Invente** des phrases avec les mots suivants. Puis **complète** ces phrases.

doucement – terriblement – désespérément

Il avait ______________ mal à l'aile.

Je cherche ______________ un abri.

Les feuilles ondulaient ______________ au vent.

4 **Relis** cette phrase : *Je suis suffisamment grand et fort pour te protéger contre tout danger.*
Écris une autre phrase avec le mot suffisamment.

D'autres histoires à lire

Voici trois livres qui racontent des histoires autour de l'hiver, des arbres ou des oiseaux qui partent vers les régions chaudes.

1 **Compare** ces trois ouvrages : titre, illustration, auteur.

2 **Lis** ces trois résumés.

1. Pipioli le souriceau rêve d'aller en Afrique comme Ginette, son amie l'hirondelle. Il veut voir les éléphants, les singes et tout et tout...
Le merle Zigomar accepte de l'y emmener ainsi que son amie la grenouille mais Zigomar n'a aucun sens de l'orientation. Il croise des cigognes qui volent en sens opposé. Malgré tout, il poursuit dans la même direction. C'est le début d'un voyage inattendu...

2. Seul au milieu d'une plaine enneigée, un petit arbre se sent triste et abandonné. Heureusement, il recevra de nombreuses visites tout au long de l'hiver : des oiseaux, un écureuil, des enfants... Et le printemps va lui réserver une bien jolie surprise...

3. Un homme, que tous prenaient pour un géant, avait laissé sa demeure inhabitée pendant de longues années. Des enfants avaient pris l'habitude d'aller jouer dans son jardin, jusqu'au jour où le géant rentra de voyage et interdit à tous d'entrer. Lorsque le printemps arriva, les couleurs, les parfums et la vie s'emparèrent des alentours, mais l'hiver, le gel, le froid et le vent du Nord restèrent dans le jardin du géant.

Observe les couvertures des livres. **Relie** chaque résumé au bon livre.
Souligne dans chaque résumé ce qui t'a aidé(e) à trouver la réponse.
Indique quel livre que tu as envie de découvrir en premier. **Écris** pourquoi.

3 **Lis** cette histoire et **réponds** aux questions.

Pourquoi les arbres perdent-ils leurs feuilles ?

Il y a des milliers d'années, la forêt était verte en toutes saisons. En ce temps-là, tous les chênes, les frênes, les charmes, les châtaigniers, enfin tous les arbres de la forêt conservaient leur feuillage en automne. S'ils perdent leurs feuilles aujourd'hui, c'est qu'ils en ont décidé ainsi, librement. Vous allez découvrir pourquoi…

Ce matin-là, les habitants de la forêt étaient consternés. Arbres, champignons, arbustes et animaux gémissaient. Les oiseaux se taisaient, le ruisseau coulait en silence, même les sangliers avaient les larmes aux yeux.

Pendant l'hiver, des milliers de fleurs avaient été tuées par le gel. Oui, vraiment, le printemps et l'été furent bien tristes cette année-là. Seules quelques rares fleurs guérirent lentement du coup de froid de l'hiver. Si le prochain hiver était aussi rude, c'était terminé : la forêt n'aurait plus jamais de fleurs.

Les vieillards les plus sages, un chêne, un hêtre et un bouleau, parlèrent longuement.
– La seule solution, décidèrent-ils, est de protéger les fleurs pendant l'hiver avec une chaude couverture. Nous devons, pour sauver les fleurs, les couvrir de nos feuilles.

Seuls les sapins et les pins, au caractère aussi pointu que leurs aiguilles, refusèrent. Tous les autres dirent oui. Ils eurent tous très froid pendant les gelées sans leur feuillage. Mais, ils pensèrent aux fleurs et cela leur réchauffèrent le cœur.
Et depuis, chaque automne, les arbres perdent leurs feuilles.

D'après Guy Berger.

Pourquoi des milliers de fleurs ont-elles été tuées ?

Qu'ont décidé les arbres de la forêt et pourquoi ?

En quoi cette histoire est-elle différente de l'histoire de ton livre à construire ?

Lire et comprendre des calendriers

1 **Observe** ces 4 calendriers (A, B, C, D) et **décris**-les (leurs formes, les écrits présents). Qu'ont-ils en commun ?
Complète les documents avec ces mots : tableau – flèche – cercle.

A

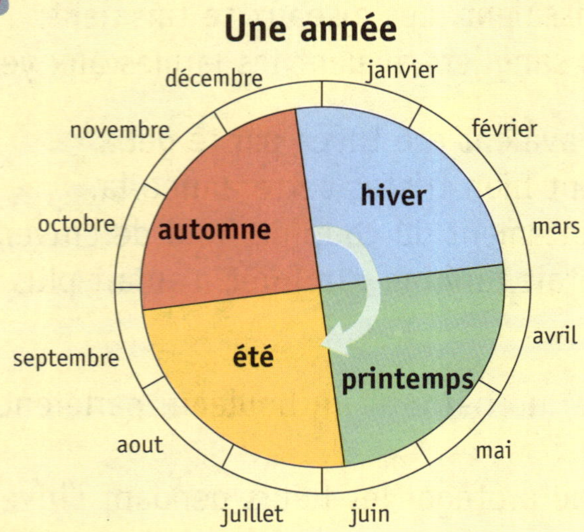

L'année est présentée sous forme de ______________.

B

Janvier						
Lu	Ma	Me	Je	Ve	Sa	Di
		1	2	3	4	5
6	7	8	9	10	11	12
13	14	15	16	17	18	19
20	21	22	23	24	25	26
27	28	29	30	31		

Février						
Lu	Ma	Me	Je	Ve	Sa	Di
					1	2
3	4	5	6	7	8	9
10	11	12	13	14	15	16
17	18	19	20	21	22	23
24	25	26	27	28		

Mars						
Lu	Ma	Me	Je	Ve	Sa	Di
					1	2
3	4	5	6	7	8	9
10	11	12	13	14	15	16
17	18	19	20	21	22	23
24	25	26	27	28	29	30
31						

Les mois sont présentés sous forme de ______________.

C

CALENDRIER 2012 — ZONE A — ZONE B — ZONE C

JANVIER			
1	D	JOUR de l'AN	
2	L	Basile	
3	M	Geneviève	
4	M	Odilon	1
5	J	Edouard	
6	V	Epiphanie	
7	S	Raymond	
8	D	Lucien	
9	L	Alix	
10	M	Guillaume	
11	M	Paulin	2
12	J	Tatiana	
13	V	Yvette	
14	S	Nina	
15	D	Rémi	
16	L	Marcel	
17	M	Roseline	
18	M	Prisca	3
19	J	Marius	
20	V	Sébastien	
21	S	Agnès	
22	D	Vincent	
23	L	Barnard	
24	M	Fr. de Sales	
25	M	Conv. S. Paul	4
26	J	Paul	
27	V	Angèle	
28	S	Th. d'Aquin	
29	D	Gildas	
30	L	Martine	
31	M	Marcelle	

FEVRIER			
1	M	Ella	5
2	J	Présentation	
3	V	Blaise	
4	S	Véronique	
5	D	Agathe	
6	L	Gaston	
7	M	Eugénie	
8	M	Jacqueline	6
9	J	Appoline	
10	V	Arnaud	
11	S	N.-D. Lourdes	
12	D	Félix	
13	L	Béatrice	
14	M	Valentin	
15	M	Claude	7
16	J	Julienne	
17	V	Alexis	
18	S	Bernadette	
19	D	Gabin	
20	L	Aimée	
21	M	Mardi-Gras	
22	M	Cendres	8
23	J	Lazare	
24	V	Modeste	
25	S	Roméo	
26	D	Nestor	
27	L	Honorine	
28	M	Romain	
29	M	Auguste	9

MARS			
1	J	Aubin	
2	V	Charles le B.	
3	S	Guénolé	
4	D	Casimir	
5	L	Olive	
6	M	Colette	
7	M	Félicité	10
8	J	Jean de Dieu	
9	V	Françoise	
10	S	Vivien	
11	D	Rosine	
12	L	Justine	
13	M	Rodrigue	
14	M	Mathilde	11
15	J	Louise	
16	V	Bénédicte	
17	S	Patrice	
18	D	Cyrille	
19	L	Joseph	
20	M	PRINTEMPS	
21	M	Clémence	12
22	J	Léa	
23	V	Victorien	
24	S	Cath. de Suè.	
25	D	Humbert	
26	L	Annonciation	
27	M	Habib	
28	M	Gontran	13
29	J	Gwladys	
30	V	Amédée	
31	S	Benjamin	

AVRIL			
1	D	Rameaux	
2	L	Sandrine	
3	M	Richard	
4	M	Isidore	14
5	J	Irène	
6	V	Vendredi Saint	
7	S	J.-B. de la S.	
8	D	PAQUES	
9	L	L. de PAQUES	
10	M	Fulbert	
11	M	Stanislas	15
12	J	Jules	
13	V	Ida	
14	S	Maxime	
15	D	Paterne	
16	L	Benoît-J.	
17	M	Anicet	
18	M	Parfait	16
19	J	Emma	
20	V	Odette	
21	S	Anselme	
22	D	Alexandre	
23	L	Georges	
24	M	Fidèle	
25	M	Marc	17
26	J	Alida	
27	V	Zita	
28	S	Jour du Souv.	
29	D	Cath. de Si.	
30	L	Robert	

MAI			
1	M	F. du TRAVAIL	
2	M	Boris	18
3	J	Phil., Jacq.	
4	V	Sylvain	
5	S	Judith	
6	D	Prudence	
7	L	Gisèle	
8	M	VICTOIRE 45	
9	M	Pacôme	19
10	J	Solange	
11	V	Estelle	
12	S	Jean.-d'Arc	
13	D	Rolande	
14	L	Matthias	
15	M	Denise	
16	M	Honoré	20
17	J	ASCENSION	
18	V	Eric	
19	S	Yves	
20	D	Bernardin	
21	L	Constantin	
22	M	Emile	
23	M	Didier	21
24	J	Donatien	
25	V	Sophie	
26	S	Bérenger	
27	D	PENTECOTE	
28	L	L. de PENT.	
29	M	Aymar	
30	M	Ferdinand	22
31	J	Visitation	

JUIN			
1	V	Justin	
2	S	Blandine	
3	D	F. des Mères	
4	L	Clotilde	
5	M	Igor	
6	M	Norbert	23
7	J	Gilbert	
8	V	Médard	
9	S	Diane	
10	D	Landry	
11	L	Barnabé	
12	M	Guy	
13	M	Antoine de P.	24
14	J	Elisée	
15	V	Germaine	
16	S	J.-Fr. Régis	
17	D	F. des Pères	
18	L	Léonce	
19	M	Romuald	
20	M	Silvère	25
21	J	ETE	
22	V	Alban	
23	S	Audrey	
24	D	Jean-Bapt.	
25	L	Prosper	
26	M	Anthelme	
27	M	Fernand	26
28	J	Irénée	
29	V	Pierre, Paul	
30	S	Martial	

Les mois sont présentés sous forme de ______________.

L'année est présentée sous forme de ______________________.

2 **Observe** le document A et **réponds** aux questions.

En quelle saison est-on au début du mois de juin ? ______________________

Quelle saison précède l'automne ? ______________________

Quel mois précède aout ? ______________________

Quel mois précède avril ? ______________________

Ce cercle représente le cycle de l'année. Pourquoi n'y a-t-il pas de numéro d'année ?

____

3 **Observe** le document B et **réponds** aux questions.

Relie chaque couleur du calendrier à ce qu'elle signifie.

fond vert • • les jours non travaillés

fond violet • • les jours travaillés

Le calendrier s'arrête au 31 mars. Quel jour sera-t-on le 1er avril ?

____

4 **Complète** le tableau suivant.

Coche les éléments représentés dans chaque document.

	Document A	Document B	Document C	Document D
Nom des jours				
Les numéros des jours				
Les mois				
Les fêtes				
Les jours fériés				
Les saisons				

Écrire un nouveau passage

1 **Relis** ces trois passages de l'histoire. À quoi correspondent les trois couleurs des textes ?

> – Dites-moi, monsieur le Chêne, puis-je, s'il vous plait, construire un nid entre vos grandes branches ?
> Je ne peux pas m'envoler vers les régions chaudes, car je me suis cassé une aile. Ce ne sera que pour un hiver !
> Me le permettez-vous s'il vous plait ?

> – Dites-moi, monsieur le Bouleau, peut-être m'autoriseriez-vous à chercher refuge entre vos branches ?
> Je dois trouver un abri, sans quoi je vais mourir gelé. Ce ne sera que pour un hiver. Mon aile est cassée et je ne peux aller nulle part ailleurs.
> Me le permettez-vous ? Je vous en prie !

> – Dites-moi, monsieur le Saule, m'autoriseriez-vous à nicher cet hiver entre vos branches ?
> Je me suis cassé une aile et je ne peux pas m'envoler avec les autres oiseaux. Je mourrai surement de froid si je ne trouve pas d'abri.
> Aidez-moi, je vous en supplie !

2 **Oral** **Invente**, avec ta classe, une demande du merle à un bel érable.
Puis à ton tour, **écris** une demande.

– Dites-moi, ______________________

____

____

Je ______________________

____

____

____

____

Oral

Un ours très gourmet

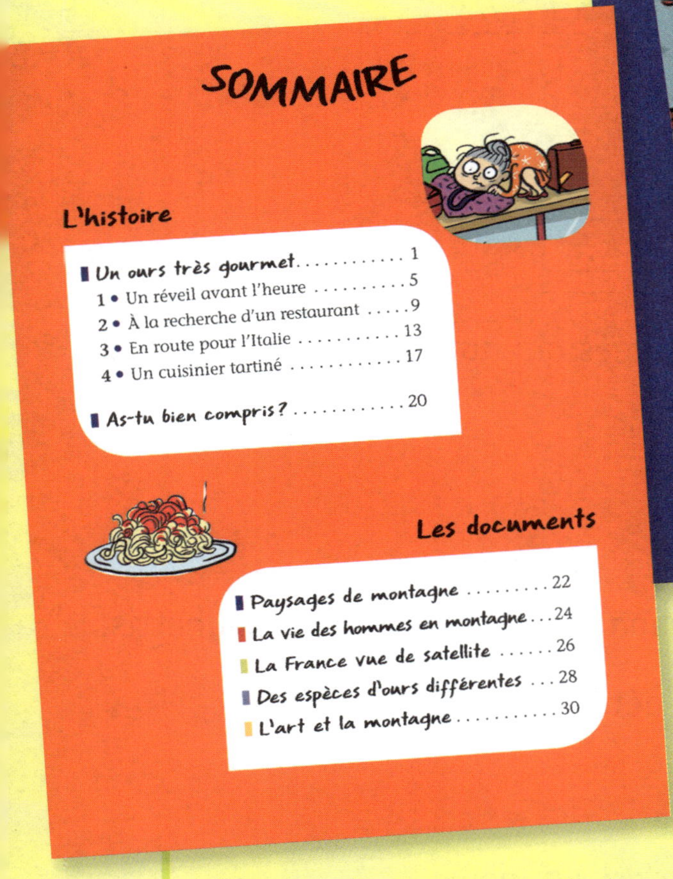
SOMMAIRE

L'histoire

Les documents

- **Observe** la couverture du livre. **Entoure** le titre en bleu, l'auteur en vert et l'illustrateur en rouge.
- **Observe** la page de sommaire.
Quels renseignements y trouve-t-on ?
Quelles sont les deux parties du livre ?
Que trouve-t-on page 13 et page 26 ?

Cette période se poursuit dans le cahier-livre 2 où tu liras la bande dessinée *L'Arbre à souhaits.*

épisode 1

Un réveil avant l'heure

Relis ce passage de l'histoire à haute voix.

L'ours Crok vit très haut dans la montagne, et, quand l'hiver arrive, il se réfugie dans sa grotte avec Dordine, sa marmotte préférée. Il la serre dans ses bras et s'endort jusqu'au printemps. Mais cette année, avant la fin de l'hiver, Crok est réveillé par des gouttes d'eau glacées qui lui tombent sur le nez. À cause de la fonte des glaciers, sa caverne est inondée.

1 **Réponds** à la question. **Formule** ta réponse en utilisant certains mots de la question.

Normalement, que fait Crok tout l'hiver ?

____

2 **Écris** qui est [la] et qui est [lui] dans l'histoire.

Il [la] serre dans ses bras.

____

Crok est réveillé par des gouttes d'eau glacées qui [lui] tombent sur le nez.

____

3 **Souviens-toi** de l'épisode 1. **Entoure** ce que tu sais sur la personnalité de Crok.

Il est très curieux. Il est très gourmand. Il déteste les spaghettis.

Il déteste qu'on se moque de lui. Il déteste qu'on pense à lui.

4 **Relie** chaque phrase au personnage qui la prononce.

– Tout ce qu'il y a ici, c'est un vieux livre de recettes.

– Voilà ce que je veux manger ! Des spaghettis ! De bons spaghettis !

– D'accord. Pour en trouver, il faut aller en ville, dans la vallée.

épisode 2

À la recherche d'un restaurant

Complète ce texte avec les sujets qui conviennent. Tu peux utiliser plusieurs fois le même sujet.

Crok | Dordine | Le serveur

__________ grogne. __________ précise que son ami ours est très contrarié. __________ transpire à grosses gouttes quand une idée lui traverse l'esprit.

– Il y a un autre restaurant tout près d'ici. À gauche en sortant. Peut-être sert-il des spaghettis ?

__________ retrouve le sourire.

__________ le raccompagne à la porte sous les applaudissements des clients.

Relis le texte à haute voix et fais attention aux liaisons.

1 **Réponds** aux questions. **Formule** tes réponses en utilisant certains mots des questions.

Pourquoi le serveur transpire-t-il à grosses gouttes ?

____

Pourquoi les clients applaudissent-ils ?

____

2 **Écris** qui est lui et qui est le dans l'histoire.

Une idée lui traverse l'esprit. __________

Le serveur le raccompagne à la porte. __________

3 **Numérote** les images dans l'ordre de l'histoire. Puis **raconte-la** à tes camarades.

Oral

Poésies

Mon stylo

Si mon stylo était magique,
Avec des mots en herbe,
J'écrirais des poèmes superbes,
Avec des mots en cage,
J'écrirais des poèmes sauvages.

Si mon stylo était artiste,
Avec les mots les plus bêtes,
J'écrirais des poèmes en fête,
Avec des mots de tous les jours,
J'écrirais des poèmes d'amour.

Mais mon stylo est un farceur
Qui n'en fait qu'à sa tête,
Et mes poèmes, sur mon cœur,
Font des pirouettes.

Robert Gélis, *Poèmes à tu et à toi*,
© Magnard, 1983.

Bien placés bien choisis

Bien placés bien choisis
quelques mots font une poésie
les mots il suffit qu'on les aime
pour écrire un poème
on sait pas toujours ce qu'on dit
lorsque naît la poésie
faut ensuite rechercher le thème
pour intituler le poème
mais d'autres fois on pleure on rit
en écrivant la poésie
ça a toujours kékchose d'extrême
un poème.

Raymond Queneau, « Pour un art poétique »,
L'instant fatal, © Gallimard, 1966.

À l'écoute

Ce que veulent dire les mots,
On ne le sait pas quand ils viennent.
Il faut qu'ils se parlent, se trouvent,
Qu'ils se découvrent, qu'ils s'apprennent.
Ce que veulent dire les mots,
Ils ne le savent pas eux-mêmes.
Mais les voilà qui se regroupent,
Qui s'interpellent, se répondent,
Et si l'on sait tendre l'oreille,
On entend parler le poème.

© Jacques Charpentreau
Ce que les mots veulent dire,
Éditions Vie ouvrière, Bruxelles, 1986.

Écrire un passage de l'histoire

1 **Numérote** ces phrases dans l'ordre de l'histoire.

- ☐ Le serveur s'approche et demande à Crok ce qu'il désire en bafouillant.
- ☐ Le serveur propose un autre restaurant à Crok et il le raccompagne à la porte.
- ☐ Crok grogne et Dordine précise qu'il ne faut pas contrarier son ami.
- ☐ Le serveur avoue en bégayant qu'il n'y a pas de spaghettis dans son restaurant.
- ☐ Crok explique poliment qu'il souhaite un grand plat de spaghettis.

2 **Relis** les deux passages qui se ressemblent dans l'épisode 2. **Écris** ce qui change.

Les personnes qui accueillent Crok : 1. ______________________

2. ______________________

Le nom du restaurant : 1. ______________________

2. ______________________

Ce que l'on y mange : 1. ______________________

2. ______________________

3 **Imagine** maintenant que Crok et Dordine se présentent dans une crêperie. **Écris** ton histoire.

épisode 3

En route pour l'Italie

Complète ce texte avec les sujets qui conviennent. **Relis** le texte à haute voix.

Le cuisinier | Mon ami | l'ours | il | Les spaghettis

Souviens-toi : de bon matin, nos deux amis sont assis dans un restaurant à Rome.

– ______________ est prêt à tout pour manger des spaghettis, signale Dordine.

______________ disparait dans sa cuisine et revient quinze minutes plus tard avec une assiette fumante et bien remplie.

______________ sont cuits à point, brillants, appétissants, prêts à être dévorés. En fin gourmet, ______________ ferme les yeux et hume le plat pour laisser les saveurs emplir ses naseaux… Mais soudain, ______________ fronce ses gros sourcils !

1 **Relie** les mots qui vont ensemble. Puis **réponds** à la question.

	• appétissants
l'assiette •	• fumante
les spaghettis •	• remplie
	• brillants

Selon toi, pourquoi Crok fronce-t-il les sourcils ?

____

2 **Souviens-toi** de l'épisode 3. **Coche** les bonnes réponses.

Qui a peur de Crok dans le train ?

- ☐ Le serveur.
- ☐ Les voyageurs.
- ☐ Les clients.
- ☐ La serveuse.
- ☐ Le contrôleur.

3 **Numérote** les images dans l'ordre de l'histoire. Puis **raconte-la** à tes camarades.

Oral

épisode 4

Un cuisinier tartiné

Complète avec les déterminants qui conviennent. **Relis** le texte à haute voix.

un | le | sa | les | la | l'

L'ours, honteux de ne pas connaitre ______ bonnes manières, libère ______ cuisinier. Ce dernier, encore tremblant, serre ______ patte de la marmotte.

– V... vous m'avez sauvé la vie. C... comment vous remercier ?

– En m'apportant un tiramisu, répond Dordine avant de refermer la carte.

Le cuisinier retourne en un éclair dans ______ cuisine.

– Dis donc, chuchote ______ours, tu ne m'aurais pas empêché de le manger pour avoir ______ dessert ?

1 **Écris** à quoi servent les points de suspension dans la phrase.

– V... vous m'avez sauvé la vie. C... comment vous remercier ?

____

2 **Écris** qui est tu et qui est le dans cette phrase.

Tu ne m'aurais pas empêché de le manger pour avoir un dessert ?

Tu : ______________________________

le : ______________________________

3 **Coche** la bonne réponse.

Dans l'histoire :

un tiramisu, c'est : ☐ une boisson. ☐ un dessert. ☐ un fruit.

la carte, c'est : ☐ un plan de la ville. ☐ une carte à jouer. ☐ des propositions de plats.

4 **Relis** ce passage de l'histoire. **Écris** ce que tu en penses.

– Dis donc, chuchote l'ours, tu ne m'aurais pas empêché de le manger pour avoir un dessert ?

____

____

Des poèmes

Bien placés bien choisis

Bien placés bien choisis
quelques mots font une poésie
les mots il suffit qu'on les aime
pour écrire un poème
on sait pas toujours ce qu'on dit
lorsque naît la poésie
faut ensuite rechercher le thème
pour intituler le poème
mais d'autres fois on pleure on rit
en écrivant la poésie
ça a toujours kékchose d'extrême
un poème.

Raymond Queneau, « Pour un art poétique »,
L'instant fatal, © Gallimard, 1966.

1 **Réponds** aux questions.

Comment appelle-t-on une ligne dans un poème ? ______________________

Recopie le 4e vers de cette poésie.

____

Combien y a-t-il de phrases dans ce poème ? ______________________

2 **Relis** ces quatre vers. **Entoure** ce que tu remarques à la fin des quatre vers.

Bien placés bien choisis
quelques mots font une poésie
les mots il suffit qu'on les aime
pour écrire un poème

Comment appelle-t-on des sons qui se répètent en fin de vers ?

____

3 Oral **Recherche** les autres rimes dans le poème.

4 **Recopie** ce poème en écrivant correctement les vers. Tu peux t'aider des rimes en rouge. N'oublie pas les majuscules.

J'ai rencontré trois escargots Qui s'en allaient cartable au dos Et dans le pré trois limaçons Qui disaient par cœur leur leçon.

« Trois escargots », Maurice Carême.

Si

Si les mille-pattes
Chaussaient des savates,

Si les girouettes
Portaient des lunettes,

Si des gélinottes*
Mettaient des culottes,

Si les escargots
Se grattaient le dos,

Si les écrevisses
Avaient la jaunisse,

Si tante Héloïse
Perdait sa chemise,

Si d'une patate
Sortait un zébu,

Toi que rien n'épate,
T'épaterais-tu ?

Pierre Coran, « Si » in *Jaffabules*,
© Le Livre de Poche Jeunesse, 2010.

* C'est un oiseau.

5 **Oral** **Lis** ce poème. Pourquoi est-il amusant ? **Entoure** les mots qui riment.

6 **Écris** le nom de trois autres animaux. Puis **cherche** des mots qui riment avec chacun d'eux.

1.

2.

3.

7 **Écris** maintenant quelques vers avec ces noms d'animaux.

Si

Si

Si

Des mots sur l'histoire

1 Coche la bonne réponse.

L'ours lance un regard noir.

- ☐ Il regarde méchamment.
- ☐ Il regarde dans le noir.

L'ours ouvre des yeux ronds.

- ☐ Parce que ses yeux sont ronds.
- ☐ Parce qu'il est étonné.

L'ours sourit de toutes ses dents.

- ☐ Il fait un très grand sourire.
- ☐ Il veut montrer ses dents.

Le cuisinier retourne en un éclair dans sa cuisine.

- ☐ Il y a des éclairs dans le ciel.
- ☐ Il va vite comme un éclair d'orage.

2 Complète les phrases avec : en courant et en chantant.
Puis **relie** la bonne phrase à l'image.

L'ours descend de la montagne ______________________. •

L'ours descend de la montagne ______________________. •

3 Oral Invente des phrases avec les mots suivants. Puis **complète** ces phrases.

en s'asseyant – en hurlant – en brandissant

– Voilà ce que je veux manger ! s'exclame-t-il ______________________ le livre.

Les voyageurs sortent du wagon ______________________.

– Un énorme très grand plat immense de spaghettis, s'il vous plait,

demande-t-il ______________________.

4 Recopie cette phrase à côté de la bonne image.

La serveuse transpire à grosses gouttes.

____

____

____

____

____

____

Un ours très gourmet

1 **Numérote** les phrases dans l'ordre de l'histoire.

- ☐ Crok veut manger des spaghettis.
- ☐ Ils prennent le train pour Rome.
- ☐ Crok et Dordine se réveillent.
- ☐ Les deux amis essaient plusieurs restaurants, sans succès.
- ☐ À Rome, Crok mange des spaghettis et Dordine un tiramisu.

2 **Réponds** aux questions. **Formule** tes réponses en utilisant certains mots des questions.

Selon toi, que mange réellement un ours ?

____

Pourquoi, selon toi, l'auteur a-t-il choisi de faire manger des spaghettis à Crok ?

____

3 **Oral** **Cherche**, avec ta classe, ce qui caractérise les deux personnages.

Écris le nom de celui que tu as préféré. **Explique** pourquoi.

4 **Complète** chaque phrase avec : car – et – mais. **Compare** avec tes camarades.

Les deux amis fouillent toute la cabane ______ ne trouvent rien à manger.

L'ours lance un regard noir à Dordine ______ il déteste qu'on se moque de lui.

Crock prend sa marmotte sous son bras ______ cherche un restaurant qui sert des spaghettis.

Lire et comprendre des tableaux

1 **Observe** ce tableau à croix et **réponds** aux questions.

lieux / animaux	montagne	mer	ville
marmotte	✗		
goéland		✗	✗
ours	✗		
saint-bernard	✗		✗

Les lignes de ce tableau indiquent :
☐ des lieux. ☐ des animaux.

Les colonnes de ce tableau indiquent :
☐ des lieux. ☐ des animaux.

À quoi correspondent les ✗ ?
☐ L'absence. ☐ La présence.

Nomme les animaux que l'on peut trouver dans deux lieux différents.

____

Complète le tableau avec le nom d'un animal qui convient.

2 **Observe** ce tableau de chiffres et de mots. Puis **réponds** aux questions.

villes / climat	Paris	Clermont-Ferrand	Annecy	Strasbourg	Besançon	Nantes	Marseille
Température	5 °C	– 15 °C	0 °C	– 8 °C	– 1 °C	8 °C	12 °C
Temps	brouillard	verglas	neige	verglas	neige	pluie	soleil

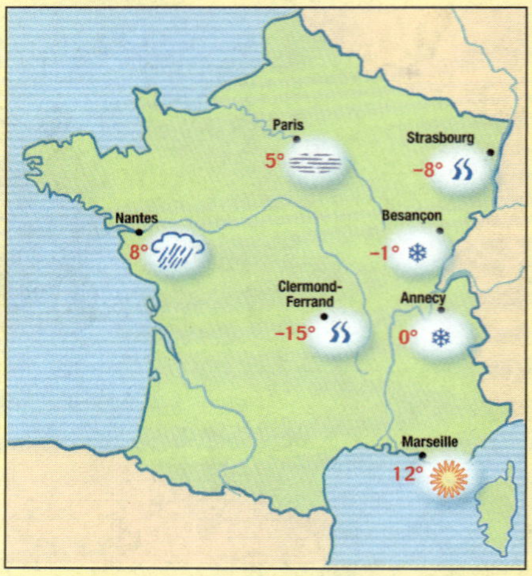

Dans quelle ville fait-il le plus froid ? ______________________

Un tableau est composé de ______________ et de ______________.
Les cases correspondent au croisement des deux entrées du tableau.
Un tableau sert à organiser des informations.

3 **Observe** ce tableau.

massifs \ caractéristiques	nom du sommet le plus élevé	altitude en mètres	nom et forme des sommets
Alpes	Mont Blanc	4 807	Pic, aiguille
Pyrénées	Pic Vignemal	3 298	Pic
Massif central	Puy de Sancy	1 886	Puy, mont, sommet arrondi
Vosges	Ballon de Guebwiller	1 424	Ballon, sommet arrondi
Jura	Crêt de la Neige	1 718	Crêt, mont

Entoure le titre du tableau parmi la liste suivante :

Le plus haut sommet de France – Les montagnes françaises – La France

4 **Complète** en t'aidant du tableau.

Noms des massifs montagneux : ……………………………………

……………………………………

Caractéristiques des montagnes présentées dans le tableau :

……………………………………

5 **Réponds** aux questions.

Mon altitude est de 1 886 mètres, qui suis-je ? ……………………

Quelle est l'altitude du Crêt de la Neige ? ……………………

Dans quel massif trouve-t-on un puy ? ……………………

6 **Reconstitue** le tableau à l'aide des étiquettes. **Trouve** d'abord les étiquettes des colonnes. Puis **remplis** le tableau.

animaux \ caractéristiques		poids	
ours brun 	environ 2 mètres		omnivore (fruits, insectes, petits mammifères…)
marmotte 			

taille – environ 5 kg – jusqu'à 300 kg – nourriture – 70 cm – herbivore

Poésies

Ponctuation

Un point d'interrogation
Comment ? Une question ?

Et un point d'exclamation
Oh ! Quelle émotion !

Sur mon écritoire,
J'invente une histoire,
J'aligne les mots
Avec mon stylo.

Puis trois points de
suspension,
Hé hé hésitation...

Je rajoute une virgule
Et regarde la pendule.

Quand j'ai tout écrit,
Alors je relis.
L'histoire est jolie,
Un point c'est fini.

Daniel Coulon.

Au pays d'Alphabet

Au pays d'Alphabet,
Les lettres s'ennuyaient ;
Chacune dans son coin, inutiles,
Elles ne savaient que faire,
Elles ne savaient que dire !

Mais un jour,
le E, le A, le U se rencontrèrent…
Eau ! Dirent-elles, ensemble.
Oh ! S'exclamèrent les autres.
Le C, le R, le I poussèrent un cri,
Signe qu'ils avaient compris !

Et c'est ainsi que tout a commencé.

Jacques Lafont.

Ponctuation

– Ce n'est pas pour me vanter,
Disait la virgule,
Mais, sans mon jeu de pendule,
Les mots, tels des somnambules,
Ne feraient que se heurter.

– C'est possible, dit le point.
Mais je règne, moi,
Et les grandes majuscules
Se moquent toutes de toi
Et de ta queue minuscule.

– Ne soyez pas ridicules,
Dit le point-virgule,
On vous voit moins que la trace
De fourmis sur une glace.
Cessez vos conciliabules

Ou, tous deux, je vous remplace !

Maurice Carême,
Au clair de la lune,

Étude de la langue

Orthographe

Étude des sons

Fixation orthographique

Pour chaque leçon : une banque d'exercices à télécharger sur le site.
Ces leçons contiennent des exercices de vocabulaire à comprendre et à mémoriser.

Grammaire • Conjugaison

Pour chaque leçon : une banque d'exercices à télécharger sur le site.

Vocabulaire

Vocabulaire thématique : voir sommaire général page 2.

Pour chaque leçon : une banque d'exercices à télécharger sur le site.

1. Comment reconnaitre les syllabes ?

Je découvre

1 **Nomme** les images. **Dessine** le nombre de syllabes que tu entends (orales) dans chaque mot, comme dans l'exemple.

Syllabes orales ☐☐

Que remarques-tu pour les syllabes prononcées dans un mot se terminant par un e ?

2 **Dessine** en noir le nombre de syllabes écrites et en bleu le nombre de syllabes orales de chaque mot, comme dans l'exemple.

 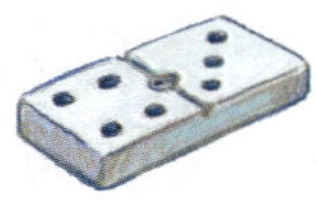   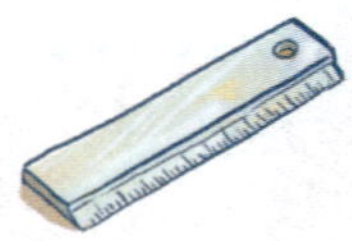

Syllabes écrites ◡◡

Syllabes orales ☐

Que remarques-tu pour les syllabes écrites dans un mot se terminant par un e ?

3 **Entoure** en bleu les mots où tu entends deux syllabes et en vert ceux où tu entends une seule syllabe.

semaine – foule – main – chose – silence – chemin – homme

Qu'avons-nous appris ? → Mémo p. 2

Je m'entraîne

4 **Sépare** les syllabes écrites des mots par un trait.

numéro – matin – enfant – chocolat – écolier – marmite

+ frère – semaine – histoire – branche – arbre – crocodile

5 **Écris** les mots que tu peux trouver avec ces syllabes écrites.

ble ta car | te vê ment | + di teur rec | + ne ti can

2. Quand j'entends des sons, j'écris...

Je découvre

1 **Nomme** les dessins et **écris** les mots correspondants.

À quoi correspondent les sons entendus ?

2 **Indique** le nombre de lettres dans chaque syllabe, comme dans l'exemple.

Lé / o	ma / tin	cô / té	ba / teau	châ / teau	gran /dir
2 / 1					

Ces mots ont tous deux syllabes. Mais ont-ils le même nombre de lettres dans chaque syllabe ? Pourquoi ?

3 **Lis** ces mots et **entoure** les écritures du son (in).

un sapin – un frein – j'ai faim – un train

Que remarques-tu pour le son (in) commun à tous ces mots ?

Le son (in) peut s'écrire ______.

4 **Lis** ces mots à haute voix. Pour chaque groupe, **entoure** la dernière lettre du premier mot en bleu et la première lettre du deuxième mot en rouge.

un ami – des amis • un élève – des élèves • un oiseau – des oiseaux

La dernière lettre du premier mot est une consonne.

La première lettre du deuxième mot est une ______.

Ces mots sont liés. Qu'entends-tu ? ______.

Qu'avons-nous appris ? → Mémo p. 2

Je m'entraine

5 **Écris** le mot correspondant à chaque image.

3. Peut-on confondre des sons proches ? (1)

Je découvre

1 **Lis** ces phrases et **entoure** le mot en bleu qui convient.

Je prends une touche *ou* une douche.

Il faut faire attention aux arêtes de poisson *ou* de boisson.

Il faut bien écouter *ou* égoutter la maitresse.

Que remarques-tu pour les mots en bleu ?

Quelles lettres forment des sons proches dans ces mots ? ____________

2 **Complète** les phrases en utilisant l'un des mots en bleu.

poisson *ou* poison	La méchante sorcière prépare un ____________.
choix *ou* joie	Hier, j'ai eu la ________ de voir ma tante.
file *ou* ville	Je me mets dans la ________ pour entrer au cinéma.

Que remarques-tu pour les mots en bleu ?

Quelles lettres forment des sons proches dans ces mots ? ____________

Qu'avons-nous appris ? → Mémo p. 3

Je m'entraîne

3 **Complète** les mots avec la lettre qui convient : f – ch – v – s – z.

une vali__e

une __euille

un sa__on

un __èbre

une __èvre

4 **+** **Choisis** la syllabe qui convient pour compléter les mots.

di *ou* ti	ca *ou* ga	don *ou* ton
une bou______que	une ______ravane	un bâ______
un ______recteur	un ma______sin	un din______

4. Peut-on confondre des sons proches ? (2)

Je découvre

1 Lis ces phrases en utilisant le mot en bleu qui convient.

Je fais crier *ou* griller du pain.
Tiens-toi trois *ou* droit.
L'électricien répare la brise *ou* la prise.
Il fait frais *ou* vrai aujourd'hui.

Quels sons peuvent se confondre ? ____________

2 Complète ces phrases en utilisant un des mots en bleu.

plaques *ou* blagues — Les ____________ me font rire.

classe *ou* glace — Pierre mange une bonne ____________.

Quels groupes de lettres se confondent ? ____________

Qu'avons-nous appris ? → Mémo p. 3

Je m'entraîne

3 Complète les mots avec les lettres qui conviennent : tr ou dr.

un ____ottoir – un ____apeau – qua____e – un ____omadaire

4 Complète les mots avec les lettres qui conviennent : cr ou gr – pl ou bl.

 une ____aine

 une ____anche

 une ____avate

 une ____ouse

+ Écris les mots sous les dessins à l'aide de ces syllabes écrites.

trou | pein | cre | gre | su | ti | tu | re | peau

____

____

____

____

5. Quand j'entends le son o fermé de **photo** et o ouvert de **porte**, j'écris…

Je découvre

1 **Entoure** les différentes écritures du son o avec différentes couleurs.

un lavabo – un rouleau – un haricot – un chauffage – un kimono – un saut – un orage – une faute – un manteau – une copie – un domino

Classe ces mots en trois colonnes.

o	au	eau

Quelle est l'écriture la plus fréquente ? ______

Où écrit-on eau dans les mots ? ______

2 **Lis** ces mots et **entoure** en bleu les deux lettres qui suivent la lettre o.

a. c'est horrible – une personne – une botte – un homme

b. une forme – observer – transporter – c'est normal – une poste

Y a-t-il plusieurs façons d'écrire le son o ouvert ?

Qu'avons-nous appris ? → Mémo p. 4

Je m'entraîne

3 **Complète** les mots avec les lettres : ll – tt – mm.

une go____e – elle fro____e – de la co____e – il tro____e – un ho____e

4 **Complète** les mots avec les lettres : rb – st – rm – rt.

un co____ume – c'est fo____idable – une po____e – un co____eau

5 + **Écris** le mot qui correspond à l'image en t'aidant des syllabes.

ro – zé – mo – ki – no

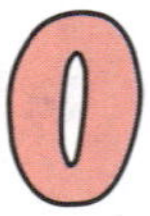

______

______

Aides pour écrire le son (o)

Je découvre

1 **Lis** ces mots d'une même famille.

un sauteur – un saut – sauter   une rose – un rosier – une roseraie

Comment écrit-on le son (o) dans les mots d'une même famille ?

2 **Lis** ces mots.

galoper – un galo**p**   sauter – un sau**t**   trotter – un tro**t**

Qu'est-ce qui t'aide à trouver la lettre finale en gras de ces mots ?

3 **Relie** chaque animal à son petit et entoure le son (o) dans les noms.

un renard •   • un chevreau

une chèvre •   • un renardeau

Comment s'écrit le son (o) à la fin du nom du petit d'un animal ? ____________

Qu'avons-nous appris ? → Mémo p. 4

Je m'entraine

4 **Écris** le nom du petit de chaque animal.

une girafe → un ____________

un éléphant → un ____________

+ une baleine → un ____________

5 **Complète** les mots avec la bonne lettre finale muette.

le repo___ – un lo___ – un trico___ – un do___ – un robo___

+ Complète les phrases avec un mot de la même famille.

Ce cheval **trotte** bien, il a un joli ____________.

L'**abricotier** donne de bons ____________.

6 **Entoure** les mots que tu sais écrire sans te tromper. **Copie** et **apprends** les autres par cœur.

un lavabo – un chevreau – un costume – le bord – une corde – un autocar

6. Quand j'entends le son (s) de sucre, de citron..., j'écris...

Je découvre

1 **Entoure** les différentes écritures du son (s).

un poussin – un citron – une soupe – aussi – avancer – un garçon – une opération – une tresse – un soir – une poste

Classe ces mots en trois colonnes.

s ou ss		c ou ç	tion
______	______	______	______
______	______	______	______
______	______	______	______

Repère les écritures les plus fréquentes. Quelles lettres suivent la lettre c qui se dit (s) ?

____

2 **Entoure** la lettre qui précède et celle qui suit le son (s), en rouge si c'est une voyelle et en bleu si c'est une consonne.

un monsieur	un costume	rassurer
traverser	un masque	ressembler

Quand y a-t-il deux s pour le son (s) dans les mots ? ______________________

3 **Entoure** la lettre qui suit ç.

un glaçon – un reçu – une façade

Quelles sont ces lettres ? ______________________

Qu'avons-nous appris ? → Mémo p. 5

Je m'entraine

4 **Complète** les mots avec s ou ss.

une ve____te – une cla____e – un cha____eur – un ____irop – une chan____on – une ____ouris – un arti____te – un ti____u

+ du ____ucre – une répon____e – une ta____e

5 **Complète** les mots avec c ou ç.

la le____on – le prin____e – la balan____oire – le méde____in

Aides pour écrire le son (s)

Je découvre

1 **Lis** ces mots d'une même famille.

a. un caissier – encaisser – une caisse
b. placer – une place – un placement

Comment écrit-on le son (s) dans les mots d'une même famille ?

____

2 **Complète** comme sur le modèle : avancer → il avance → nous avançons.

commencer → ____________ → ____________

balancer → ____________ → ____________

Pourquoi écrit-on nous avançons avec un ç ?

3 **Entoure** d'une même couleur les mots de la même famille et **complète**-les.

un acteur	une directrice	une fleur	un violon____________
un directeur	une act____________	un violon	un fleur____________

Que remarques-tu pour ces noms de métier ?

Qu'avons-nous appris ? → Mémo p. 5

Je m'entraîne

4 **Relie** les mots de la même famille.

un commerçant •	• une glace •	• une commerçante
un glaçon •	• un commerce •	• un glaçage

+ **Trouve** un mot avec un ç de la famille de balance et **écris** une phrase.

____

5 **Entoure** les mots que tu sais écrire sans te tromper. **Copie** et **apprends** les autres par cœur.

un sourire – un tissu – le masculin – la place – un service – la pièce

____

7. Quand j'entends le son (é) de réveil, de papier..., j'écris...

Je découvre

1 **Entoure** les différentes écritures du son (é). Puis **classe** ces mots en trois colonnes.

un récit – porter – vous travaillez – un boucher – un pâté

vous courez – une étoile – se cacher – la météo

é	er	ez

Y a-t-il une écriture plus fréquente ? ______________

2 **Classe** les mots qui se terminent par le son (é) dans la bonne colonne.

vous venez – vous arrivez – un papier – la beauté –

une marée – chez – arriver – un carré

...é ou ...ée	...er	...ez

Comment s'écrit le son (é) à la fin d'un mot ? ______________

Qu'avons-nous appris ? → Mémo p. 6

Je m'entraîne

3 **Observe** et **continue** comme dans l'exemple.

une pensée → penser → vous pensez → j'ai pensé

une pesée → ______ → vous ______ → ______

une trouée → ______ → vous ______ → ______

une tournée → ______ → vous ______ → ______

Aides pour écrire le son (é)

Je découvre

1 **Classe** ces mots dans la bonne colonne.

écrire – un vélo – épais – une pédale – un géant – une étoile

é au début du mot	é dans le mot

Comment écrit-on le son (é) au début d'un mot ou dans un mot ? ____________

2 **Relie** les mots de la même famille.

une pâtisserie •	• un boucher	une pêche •	• un poirier
un boucherie •	• un épicier	un abricot •	• un abricotier
une épicerie •	• un pâtissier	une poire •	• un pêcher

Que remarques-tu pour les noms de métiers et d'arbres fruitiers ?

3 **Entoure** le bouquet *et* la fleur. Puis **entoure** le garçon *ou* la fille.

Que signifie le mot et ?

Qu'avons-nous appris ? → Mémo p. 6

Je m'entraîne

4 **Écris** un mot de la même famille.

la boulangerie → le ____________ une épicerie → un ____________

la framboise → le ____________ une prune → un ____________

5 **Entoure** les mots que tu sais écrire sans te tromper. **Copie** et **apprends** les autres par cœur.

un boucher – une clé – chez – un témoin – un élève – un nez – assez

____

Écris une phrase avec un de ces mots.

____

8. Quand j'entends le son (k) de café, de quatre..., j'écris...

Je découvre

1 Entoure les différentes écritures du son (k).

une récolte – un ski – marquer – confier – un caillou – une quille – un paquet – une chorale – un couteau

2 Classe ces mots en trois colonnes.

c		qu	ch ou k

Y a-t-il des écritures plus fréquentes ? ____________

3 Entoure la lettre qui suit la lettre c ou les lettres qu dans ces mots.

un cube – un clou – raconter – une cantine – crier

une question – une équipe – une remarque – une béquille

Quelles lettres as-tu trouvées après :

c < ____ / ____ / ____

c < ____ / ____

qu < ____ / ____

Qu'avons-nous appris ? → Mémo p. 7

Je m'entraîne

4 Complète les mots avec c ou qu.

un ____artable – une é____ole – les va____ances – un ____oquillage

un li____ide – un ____anapé – re____oudre – man____er

✚ une ré____olte – un es____alier – un é____ipier – un bou____et

un tourni____et – elle est ____ourageuse – il est co____in

5 Écris les mots qui correspondent aux images.

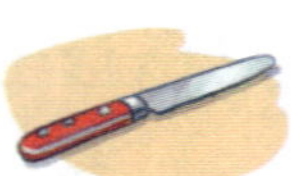 ____________

 ____________

✚  ____________

✚  ____________

Aides pour écrire le son (k)

Je découvre

1 **Relie** les mots de la même famille.

marquer •	• je claque •	• nous marquons
claquer •	• je marque •	• nous claquons

Pourquoi écrit-on claquons et marquons avec qu ?

____

2 **Recompose** ces mots qui permettent de poser des questions et **complète** les phrases.

d n a u q

__________ prendras-tu le train pour partir en vacances ?

\+ e m m o c t n q i u r o u o p

__________ t'appelles-tu ? __________ ne viens-tu pas jouer ?

Invente une phrase avec un de ces mots.

____

Qu'avons-nous appris ? → Mémo p. 7

Je m'entraîne

3 **Complète** les mots avec c ou qu.

un é____ipement – un ____amion – ____i – un cas____e –
une ra____ette – une ____ase – une ____ommande – é____outer

4 **Complète** les mots de chaque famille.

a. une chorale – un ____œur – un ____oriste
b. skier – un s____ieur – une s____ieuse – un s____i
c. quatre – ____arante – ____arantaine

5 **Entoure** les mots que tu sais écrire sans te tromper. **Copie** et **apprends** les autres par cœur.

un camion – quarante – quoi – un skieur – un casque – chacune

____

9. Quand j'entends le son (è) de aigle, de veste..., j'écris...

Je découvre

1 **Entoure** les différentes écritures du son (è).

une dizaine – une aide – une pelle – une tresse – un aigle – la neige – un poulet – un modèle – une fête – des lunettes – un frère – il reste

2 **Classe** ces mots dans la bonne colonne (sans écrire les déterminants).

e	ai	è	ê	ei	et

Y a-t-il une écriture du son (è) plus fréquente ? ____________

3 **Entoure** dans chaque liste les deux lettres qui suivent le son (è) qui s'écrit e.

a. un chercheur – une permission – verser – un directeur – le dernier

b. une princesse – une poubelle – la vitesse – une benne

De quelle sorte de lettres s'agit-il ? ____________

Qu'avons-nous appris ? → Mémo p. 8

Je m'entraîne

4 **Complète** chaque mot avec e ou è.

une brou__tte – une col__re – une chi__nne – m__rci – une r__gle

+ il est fid__le – elle est sév__re – il ach__te – il ch__rche

5 **Écris** les mots correspondant aux images.

____

____

____

Aides pour écrire le son è

Je découvre

1 **Classe** ces mots dans le tableau en fonction de la place du son è dans le mot.

un filet – un bouquet – vrai – un espace – une aide –
un espoir – un balai – aimer

è au début du mot	è à la fin du mot

Comment écrit-on le son è au début d'un mot ? ______

Comment écrit-on le son è à la fin d'un mot ? ______

2 **Recopie** la phrase qui correspond à l'image.

L'écharpe de la dame est grande.

La dame est grande.

______

Recopie le verbe qui indique comment est une personne, un animal ou une chose.

______

Qu'avons-nous appris ? → Mémo p. 8

Je m'entraîne

3 **Complète** ces listes de mots de la même famille.

a. la neige – n___ger – enn___gement – n___geux

b. un éclair – écl___rer – un écl___rage – un écl___reur

4 **Complète** les mots avec ai ou e.

un ___scalier – un ___mant – ___der – un ___spoir

5 **Entoure** les mots que tu sais écrire sans te tromper. **Copie** et **apprends** les autres par cœur.

servir – une tête – un robinet – aimable – un escalier – verte –
une reine – une graine – une crème

______

10. Quand j'entends le son (an) de pantalon, de vendeur..., j'écris...

Je découvre

1 **Entoure** les différentes écritures du son (an).

un instant – une envie – une demande
une dent – un parent – un danger

Le son (an) peut s'écrire :

☐ ☐

Y a-t-il une écriture plus fréquente ? oui ☐ non ☐

Laquelle ? ____________________

2 **Lis** ces mots et **entoure** la lettre qui suit le son (an).

une chambre – embrasser – une ampoule – emprunter – emmener

Quelles lettres peux-tu trouver après :

em < ____ / ____ / ____

am < ____ / ____

Qu'avons-nous appris ? → Mémo p. 9

Je m'entraîne

3 **Complète** chaque mot avec an ou am.

une ____bulance – une s____dale – une l____pe – une ch____bre –
un rub____ – une d____se – une r____pe – une ch____son

4 **Complète** chaque mot avec en ou em.

la t____pérature – un serp____t – comm____cer – ens____ble –
nov____bre – un d____tiste – une p____dule – un mom____t

5 **Recompose** ces mots et **écris**-les. **Choisis**-en un pour faire une phrase.

te | ment | vê   cam | gne | pa   + tem | tu | re | ra | pé   + lé | phant | é

____________________ ____________________

____________________ ____________________

____

Aides pour écrire le son (an)

Je découvre

1 **Continue** comme le modèle : balancer → un balancement

changer → un chang________ juger → un jug________

enseigner → un ________ camper → un ________

Comment se terminent les noms formés à partir de ces verbes ?

____

2 **Lis** ces phrases.

Malo part en voyage. Il est en Corse.

Eva part à la campagne. Elle est à la gare.

Comment s'écrit le mot qui se prononce (an) ? ________

Qu'avons-nous appris ? → Mémo p. 9

Je m'entraîne

3 **Complète** ces mots de la même famille.

a. un marchand – une march____de

b. c'est urgent – une urg____ce

c. mentir – un m____songe

d. camper – un c____peur

4 **Écris** ensemble les mots d'une même famille.

une danse – un vendeur – vendre – une danseuse – danser – une vente

____

____

5  **Entoure** les mots que tu sais écrire sans te tromper si tu connais les mots rang et cent. **Copie** et **apprends** les autres par cœur.

un rangement – un alignement – un tambour – un centième – un angle – une manche – déranger – des centimes

____

____

11. Quand j'entends le son (j) de jambe et de girafe, j'écris...

Je découvre

1 **Entoure** les différentes écritures du son (j).

des gens – un jardin – une jupe – bonjour – une girafe – un fromage – un pigeon

Le son (j) peut s'écrire : [ ] [ ] [ ]

Quelles sont les écritures les plus fréquentes ?

____

2 **Entoure** la lettre qui suit le son (j) dans ces mots.

un genou – la gymnastique – une mangeoire – il nageait – fragile – jamais – toujours – un jupon – une majuscule – jeudi

Quelles lettres trouve-t-on après :

j < ___ ___ ___ ___

g < ___ ___ ___

ge < ___ ___ (rarement)

Qu'avons-nous appris ? → Mémo p. 10

Je m'entraine

3 **Complète** les mots avec j ou g.

une ___ournée – un ___ilet – la ___ustice – la ma___ie – une ___ambe – le coura___e – une ___ifle – le ___udo

4 **Complète** les mots avec g ou ge.

une oran___e – un plon___on – le ména___e – une na___oire

5 **Écris** les mots recomposés à côté des bonnes images. Puis **écris** une phrase avec un de ces mots.

ra ge ga — nou ge — geon plon — ran de gea o

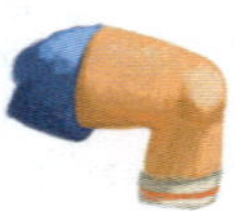
____

____

____

____

____

Aides pour écrire le son (j)

Je découvre

1 **Lis** cette liste de mots contenant le son (ji).

un gilet – une girafe – une bougie – un magicien

Comment s'écrit le son (ji) ? ____________

2 **Lis** cette liste de mots contenant le son (j).

du courage – un orage – un garage – une orange

Comment s'écrit le son (j) en fin de mot ? ____________

Qu'avons-nous appris ? → Mémo p. 10

Je m'entraîne

3 **Complète** les mots avec g ou j.

une ___itane – un menson___e – un sé___our – a___iter –

+ un nua___e – une ___ument – un ___endarme

4 **Continue** comme sur le modèle.

Je plonge. → Nous plongeons. → Vous plongez.

Je nage. → Nous ____________. → Vous ____________.

Je partage. → Nous ____________. → Vous ____________.

+ Je voyage. → Nous ____________. → Vous ____________.

5 **Recopie** les mots de la même famille d'une même couleur et **entoure** le son (j).

gentiment – rajeunir – nager – jeune – un nageur – jeunesse – gentil – une nageoire – une gentillesse

____

____

6 **Entoure** les mots que tu sais écrire sans te tromper. **Copie** et **apprends** les autres par cœur.

jeter – un genou – une jupe – une joue – il déjeune – un magicien

____

Je découvre

1. Quand je vois des lettres, je lis…

1 **Sépare** les lettres pour former des mots et **écris**-les.

agneaucoqchevalcanardchienpoule

À quoi servent les lettres ?

2 **Lis** ces mots qui contiennent tous la lettre a.

un ami – un arbre – une antenne – une auto – une ampoule – ainsi

Est-ce que tu entends toujours la lettre a dans ces mots ?

Explique pourquoi :

3 **Relie** chaque phrase à l'image qui correspond.

Le bateau a une jolie **voile** rouge. •

La mariée a un grand **voile** blanc. •

Les deux mots en gras s'écrivent de la même façon.
Ont-ils le même sens ?

4 **Relie** chaque phrase à l'image qui correspond.

Je mange du **pain** au petit déjeuner. •

Le **pin** est un arbre vert même l'hiver. •

Les deux mots en gras ne s'écrivent pas de la même façon mais ils se prononcent de la même façon. Ont-ils le même sens ?

Qu'avons-nous appris ? → Mémo p. 17

2. J'apprends à copier

Je découvre

1 **Vérifie** que tu connais le sens de ces mots et **recopie**-les.

un vélo ____________ une caméra ____________
une surprise ____________ un plafond ____________
une tour ____________ un trou ____________
un sabot ____________ un habit ____________

Quels sont les mots qui t'ont demandé le plus d'attention ? Et pourquoi ?

2 **Recopie** cette phrase. **Vérifie** avant de la copier que tu as compris ce qu'elle dit.

Un élève se promène dans le couloir.

____

À quoi as-tu fait attention en copiant ?

Qu'avons-nous appris ? → Mémo p. 17

Je m'entraine

3 **Lis** la phrase en gras et **corrige** les fautes de copie dans les autres phrases.

Les enfants ramassent des cerises dans le jardin.

Les enfant ramassent des cerises dans le jardin.

Les enfants ramasse des cerises dans le jardin.

Les enfants ramassent des serises dans le jardin.

Les enfants ramassent cerises dans le jardi.

4 **Lis** cette phrase. **Vérifie** que tu la comprends bien et **entoure** les difficultés de copie. Puis **recopie**-la.

Vous allez venir avec moi, dit le directeur.

____

+ Les élèves s'installent à leur place dans la classe.

____

3. Quand je vois la lettre a, je lis...

1 **Entoure** les sons formés avec la lettre a dans ces mots et **écris**-les dans les cases.

un géant – une chambre – un habitant – un poireau – un aubergiste – un morceau – une maison – une main – une jambe – une épaule – un maire – un train – une hauteur – une semaine – une danse

a						

2 **Entoure** la lettre qui suit an ou am.

une jambe – une lampe – un champignon – un pantalon – une fanfare – une sandale – ranger – une chambre

Quelles lettres y a-t-il toujours après am ? ____________________

3 **Aide**-toi des deux phrases pour écrire chaque mot à côté de la bonne image.

sang ou cent – ancre ou encre

Le **sang** coule quand on se coupe. L'**ancre** est posée sur le bateau.

une ____________________ 

____________________ 

de l'____________________ 

du ____________________ 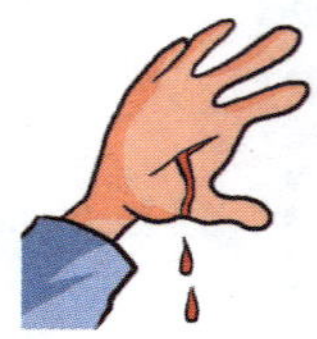

Que **remarques**-tu quand tu lis et quand tu dis ces mots ?

4 **Choisis** un de ces mots pour écrire une phrase.

____

Qu'avons-nous appris ? → Mémo p. 18

Je m'entraîne

5 Complète les mots avec : ain – ian.

de la v_____de – la cr_____te – un tr_____gle – un b_____ –

c'est cert_____ – un terr_____ – en r_____t – dem_____

+ Complète les mots avec : ai – ia.

un p_____no – du l_____t – un tr_____t – une pr_____rie –

une li_____son – un pl_____ge – un pl_____sir

6 Écris les mots correspondant aux images en utilisant : an – ain – ian – ai.

 un _____________

 un _____________

 + un _____________

 + une _____________

7 Sépare ces 4 (puis 5) mots et **écris** un ou une devant chaque mot.

plaisirmariageviandeaide

____

+ confianceterraintrianglegrainair

____

8 Recompose ces mots et **apprends**-les. **Utilise**-les à l'oral dans des phrases.

e n d i m a — s u a s i — t a n n m e n a i t

_____________ _____________ _____________

9 Complète les phrases avec les mots ci-dessus. Puis **invente** une phrase avec un de ces mots.

Tu as un petit frère, moi _____________.

_____________ nous irons au cinéma.

Veux-tu aller te coucher _____________ ?

____

4. Quand je vois la lettre o, je lis...

Je découvre

1 **Entoure** les sons formés avec la lettre o dans ces mots. Puis **écris**-les dans les cases.

une soupe – une ombre – la mémoire – un cœur – une pompe – une pointe – un caillou – un forgeron – une histoire – un cochon – un soin – une sœur – une longueur – un coiffeur – une cour

o						

2 **Entoure** la lettre qui suit les lettres om.

une ombre – un pompier – fondre – pondre – une tombola – une trompe – le front – un tronc – tomber – rompre – longer – ronger

Quelles lettres y a-t-il toujours après om ? ______________________

3 **Aide**-toi des deux phrases pour écrire chaque mot à côté de la bonne image.

point ou poing – compte ou conte

Il y a un **point** à la fin d'une phrase. J'aime beaucoup lire des **contes**.

un ______________________ 

un ______________________ 

un ______________________ •

un ______________________

$$\begin{array}{r} 10 \\ +\ 15 \\ +\ 20 \\ \hline 45 \end{array}$$

Que **remarques**-tu quand tu lis et quand tu dis ces mots ?

4 **Choisis** un de ces mots pour écrire une phrase.

____

Qu'avons-nous appris ? → Mémo p. 18

5 **Complète** ces mots avec ion ou oin.

une p____te – un l____ – un c____ – un cam____

✚ un av____ – un s____ – un bes____ – c'est l____

6 **Complète** ces mots avec io ou oi.

une p____che – un v____lon – un s____r – v____let – un l____r

✚ un mouch____r – un tir____r – un coul____r – une br____che

7 **Écris** chaque mot et **relie**-le à la bonne image.

rri re tu nou ____________ •

ttoir tro ____________ •

• 

• 

8 **Écris** les mots correspondant aux images en utilisant : ou – ion – oi – on.

une ____________  un ____________ 

un ____________  un ____________ 

9 **Recompose** ces mots et **apprends**-les. **Utilise**-les à l'oral dans des phrases.

m o m c e ____________

r s t u u o t ____________

s o g l n m e p t ____________

10 **Complète** les phrases avec les mots ci-dessus. Puis **invente** une phrase avec un de ces mots.

____________ ne fais pas de bruit, le bébé dort.

Il y a déjà ____________ que je sais lire.

Tu chantes ____________ un oiseau.

____

5. Quand je vois la lettre e, je lis... (1)

Je découvre

1 **Entoure** les sons formés avec la lettre e. Puis **classe** ces mots dans la bonne colonne.

la forêt – l'écharpe – la règle – la fête – la lèvre – l'épaule –
le retour – se lever – la vérité

e sans accent	è accent grave	é accent aigu	ê accent circonflexe

2 **Recopie** les mots de la même famille d'une même couleur.

la pêche – une rêverie – une bête – embêter – un rêveur –
pêcher – une bêtise – un rêve – un pêcheur

Que **remarques**-tu pour la lettre ê dans les mots d'une même famille ?

3 **Relie** ces noms à la bonne image en t'aidant du petit mot devant le nom.

un maire • • 

une mère • • 

un chêne • • 

une chaine • • 

Que **remarques**-tu quand tu lis ces mots à haute voix ?

4 **Choisis** un de ces mots pour écrire une phrase.

Qu'avons-nous appris ? → Mémo p. 19

5 **Complète** les mots avec : e – è – é.

Elle est fi__re. – Elle est s__che. – un r__tour –

se pr__cipiter – un ch__min – Il est pr__s de moi. –

un pi__ton – s'__lancer – un po__me

6 **Écris** les mots correspondant aux images en t'aidant des syllabes.

rêt fo

une ______________

na pé ca

un ______________

+ che née mi

une ______________

vre liè

un ______________

7 **Sépare** ces quatre mots et **écris** un ou une devant chaque mot.

flèchemanègetéléphonecarrefour

____

+ **Sépare** ces cinq verbes et **écris**-les.

piétinertrébucherdétacherremarquerdemander

____

8 **Recompose** ces mots et **apprends**-les. **Utilise**-les à l'oral dans des phrases.

à é j d ê m e m u e s m e l t n e

______________ ______________ ______________

9 **Complète** les phrases avec les mots ci-dessus. Puis **invente** une phrase avec un de ces mots.

Je vais ______________ acheter des légumes, rien d'autre.

Il fait ______________ nuit. – Je suis trempé, ______________ mon pull est mouillé.

____

6. Quand je vois la lettre e, je lis... (2)

Je découvre

1 **Entoure** les sons formés avec la lettre e dans chaque mot. Puis **écris**-les dans les cases.

la reine – peureux – la pente – la veine – la couleur – un agneau – la ceinture – un repas – un poulet – le membre

e							

2 **Recopie** les mots en gras en faisant attention à la place du e.

un **peintre** – un chien – une **ceinture** – un **frein** – le **teint** – le mien
un papier – une **reine** – **freiner**

Dans le groupe de lettres qui contient le e, où se trouve-t-il ? ____________

Quelle lettre suit la lettre e ? ____________

3 **Entoure** la lettre qui suit en ou em.

emporter – la pente – un vendeur – embrasser – rendre – emmener

Quelles lettres trouves-tu toujours après em ? ____________

4 **Relie** les mots à la bonne image en t'aidant du petit mot devant le nom.

• un renne •

• une reine •

Que **remarques**-tu quand tu lis à haute voix ces mots ?

5 **Complète** les phrases avec le mot qui convient : renne ou reine.

La ____________ porte une jolie couronne sur la tête.

Le ____________ vit dans les grandes forêts.

Qu'avons-nous appris ? → Mémo p. 19

Je m'entraine

6 **Complète** les mots avec : ei – ein – eu.

Il est heur___x. – une c___ture – le p___ple – une v___ne –

Il est affr___x. – un p___tre – la p___ne – Il est s___l.

7 **Complète** les mots avec : en ou em.

Il est t___dre. – il y a longt___ps – Il avance l___tement. –

une tr___taine – ___brasser – m___tir – p___ser – tr___bler

8 **Écris** les mots correspondant aux images en t'aidant des syllabes.

re tu cein

une ___

ne rei

une ___

+ ne ba lei

une ___

+ tu re pein

une ___

9 **Sépare** ces quatre mots et **écris**-les avec un ou une devant.

mensongesilenceexempletempérature

___

+ **Sépare** ces quatre mots et **écris**-les.

combienbienbientôtrien

___

10 **Recompose** ces mots et **apprends**-les. **Utilise**-les à l'oral dans des phrases.

n c o e r e　　t m o m e c n　　p b u e o a c u

___　___　___

11 **Complète** les phrases avec les mots ci-dessus. Puis **invente** une phrase avec un de ces mots.

___ vas-tu ?

Il y a ___ de place dans cette maison.

Il faut attendre ___ un peu avant de cueillir les cerises.

___

7. Quand je vois la lettre c, je lis…

Je découvre

1 **Entoure** les sons formés avec la lettre c. Puis **classe** ces mots dans la bonne colonne.

un cube – un chêne – une douceur – rencontrer – ici – un chasseur – décider – accompagner – chercher

Je dis (k)	Je dis (s)	Je dis (ch)

2 **Entoure** en bleu la lettre qui suit la lettre c qui se dit (k).
Entoure en vert la lettre qui suit la lettre c qui se dit (s).

le calcul – un crabe – un clou – un col – un citron – un prince – un cygne – une cloche – une cerise – un camion – un cube

Quelles lettres suivent la lettre c qui se dit (k) ? ☐ ☐ ☐ ☐ ☐

Quelles lettres suivent la lettre c qui se dit (s) ? ☐ ☐ ☐

3 **Recopie** ces mots selon ce que tu vois : ch ou cl.

un classeur – un achat – un chasseur – un éclat

ch ______________________ cl ______________________

4 **Complète** les phrases avec le mot qui convient.

un cygne

un signe

Le policier fait un ______________ avec sa main pour nous faire traverser.

Un beau ______________ blanc nage sur le lac.

5 **Invente** une phrase avec un de ces mots.

____

Qu'avons-nous appris ? → Mémo p. 20

Je m'entraîne

6 **Complète** les mots avec : c ou ch.

une ma____ine – ____onnaitre – un clo____er – é____later – é____arter

\+ un bou____on – une ca____ette – un é____outeur – un ____ampion

7 **Écris** les mots correspondant aux images en t'aidant des syllabes.

co tier co

un ____________

pi cham gnon

un ____________

\+ cle bou

une ____________

\+ che mou

une ____________

8 **Choisis** un des mots de l'exercice 7 pour faire une phrase.

____

9 **Complète** chaque colonne avec un verbe de la même famille.

un accord	un compagnon	une réception
un accordeur	un accompagnateur	un réceptionniste
____________	____________	____________

10 **Recompose** ces mots et **apprends**-les. **Utilise**-les à l'oral dans des phrases.

c i i	h c e z	t e p c n a d e n
____________	____________	____________

11 **Complète** les phrases avec les mots ci-dessus. Puis **invente** une phrase avec un de ces mots.

____________ il y a de jolies maisons.

J'ai beaucoup travaillé, ____________ je n'ai pas encore fini.

Demain, j'irai ____________ le dentiste après l'école.

____

8. Quand je vois les lettres en, je lis...

Je découvre

1 **Sépare** les syllabes de ces mots. Puis **classe** les mots dans la bonne colonne.

venir – un sentier – amener – un vendeur – une menace – un menteur

Je dis le son (an)	Je ne dis pas le son (an)
______ ______	______ ______
______ ______	______ ______

Que remarques-tu quand le e et le n ne sont pas dans la même syllabe ?

____

Quelle sorte de lettre suit le n quand le e et le n sont dans la même syllabe ?

____

2 **Lis** les mots suivants. **Écris** un ou ils devant ces mots.

____ rangent – ____ mouvement – ____ coupent – ____ parlent –

____ marchent – ____ saignement – ____ arrivent – ____ moment

De quelle sorte de mot s'agit-il quand on ne dit pas le son (an) ?

____

3 **Lis** ces phrases à haute voix et **entoure** les verbes.

Mes cousins arrivent. Ils portent leurs bagages.
En ce moment, mes frères travaillent.

Dans quel cas ne prononces-tu pas le son (an) écrit ent ?

4 **Complète** les phrases avec le mot qui convient.

mentent – menthe

la menthe

Quelquefois, les enfants ______________ pour ne pas se faire gronder.

On fait une bonne tisane avec des feuilles de ______________.

Qu'avons-nous appris ? → Mémo p. 20

Je m'entraîne

5 **Classe** les mots dans la bonne colonne.

amener – il est content – le vent – ils regardent – parfaitement – elles coupent – devenir – un élément

J'entends le son (an)	Je n'entends pas le son (an)
______ ______	______ ______
______ ______	______ ______

6 **Continue** comme dans l'exemple : il chante → ils chantent.

il commence → ils ______ elle joue → elles ______

il donne → ils ______ elle avance → elles ______

✚ L'enfant crie. → Les enfants ______.

✚ Le bébé bouge. → Les bébés ______.

7 **Complète** chaque phrase avec le bon mot.

(un rêveur – rêvent) La nuit, les dormeurs ______ beaucoup.

(l'étude – étudient) Certains élèves vont à ______ le soir.

✚ (encombrent – encombrement) Les poubelles ______ la rue.

✚ (Un tremblement – Tremblent) ______ de terre fait très peur.

8 **Recompose** ces mots et **apprends**-les. **Utilise**-les à l'oral dans des phrases.

v e n t s o u p n d e n a t e n b l e s e m

______ ______ ______

9 **Complète** les phrases avec les mots ci-dessus. Puis **invente** une phrase avec un de ces mots.

Nous rentrons ______ à la maison, mon frère et moi.

Il est ______ en retard.

Il a fait très beau ______ les vacances.

______

1. Qu'est-ce qu'une phrase ?

Je découvre

1 **Raconte** ce qui se passe à l'aide des étiquettes.

Kimamila | à l'école. | ses amis | accompagne

2 **Entoure** les histoires correctes.

Kimamila accompagne ses amis à l'école. Kimamila ses amis à l'école.

Accompagne ses amis à l'école. Kimamila accompagne ses amis.

Comment appelle-t-on une suite de mots qui raconte une histoire ?

3 **Lis** ces deux phrases et **dessine** ce qu'elles racontent.

Un enfant poursuit un chien. Un chien poursuit un enfant.

Ces deux phrases ont-elles le même sens ? **Entoure** les mots qui ont changé de place.

4 **Lis** ce texte à haute voix et **retrouve** les deux phrases.

Papa tourne la clé dans le contact. La voiture ne veut pas démarrer.

Entoure chaque phrase d'une couleur différente. Qu'est-ce qui t'a aidé(e) ?

5 **Écris** une phrase à partir de ces étiquettes. **Entoure** la majuscule et le point.

merveilleux | à | ressemble | La | jardin. | cour | un

Qu'avons-nous appris ? → Mémo p. 24

Je m'entraine

6 **Entoure** en vert les majuscules et en rouge les points.

Les enfants entrent dans la cour de l'école. Un homme vient vers eux. Il porte un vêtement en peau de léopard. Nos deux amis, très surpris, le suivent.

Combien y a-t-il de phrases ? 4 De lignes ? 4

7 **Entoure** uniquement les phrases qui ont du sens.

Les enfants vont à l'école du village.

À la récréation les amis jouent au.

La maitresse les élèves la classe.

Les élèves sortent leur trousse.

\+ Demain, les élèves iront à la piscine en car.

\+ Classe enfants les ont un nouveau maitre.

8 **Écris** une phrase qui a du sens en utilisant un mot de chaque colonne.

Mon frère	mange	après la balle.
Le chien	répond	une glace.
L'élève	court	à la question.

Mon frère mange une glace.

\+ **Écris** une autre phrase.

l'élève court à la questions.

9 **Recopie** les deux phrases de chaque ligne en mettant la ponctuation et les majuscules.

le facteur pose son vélo le concierge lui demande le courrier

\+ l'élève sort ses feutres sur la table il doit colorier une fleur

10 **Écris** une phrase pour chaque dessin en t'aidant des mots.

l'élève – la maitresse – écoute

①

1.

2.

②

2. À quoi sert la ponctuation dans les phrases ?

Je découvre

1 **Lis** ces deux textes. Lequel est plus facile à lire ? Pourquoi ?

1. Les deux enfants montent sur le dos de Superman Les voilà partis vers les nuages quel voyage Deux minutes plus tard ils atterrissent devant la porte de l'école des Hérons Le directeur de l'école arrive Il interroge Manu et Alorie Êtes-vous les nouveaux élèves

2. Les deux enfants montent sur le dos de Superman. Les voilà partis vers les nuages, quel voyage ! Deux minutes plus tard, ils atterrissent devant la porte de l'école des Hérons. Le directeur de l'école arrive. Il interroge Manu et Alorie : « Êtes-vous les nouveaux élèves ? »

Entoure ce qui a été ajouté dans le texte 2.
Comment s'appellent ces signes ? À quoi servent-ils ?

Le point **.** se trouve à la fin d'une phrase déclarative.

Le point **?** se trouve à la fin d'une phrase ______________.

Le point **!** se trouve à la fin d'une phrase ______________.

2 **Relie** la bonne phrase au dessin.

Quand partez-vous ?
Le repas est prêt.
Pierre a retrouvé son livre.

Le train part dans une heure.
Connais-tu cette histoire ?
Que veux-tu manger ?

Entoure les phrases interrogatives. Qu'expriment-elles ?
Entraine-toi à les lire à haute voix.

3 **Écris** deux phrases à partir des étiquettes.

est beau !	Combien	ce cheval	as-tu
Comme	dans ton sac ?	de billes	

____

____

Quels repères t'ont aidé(e) ? **Colorie** la phrase exclamative.

Qu'avons-nous appris ? → Mémo p. 24

Je m'entraîne

4 **Lis** ce texte et **compte** le nombre de phrases et de lignes.

Aujourd'hui, c'est notre première leçon de natation. Le maitre-nageur interroge les enfants. Qui sait déjà nager ? Tout le monde lève la main. Oh, c'est très étonnant !

Combien y a-t-il de phrases ? ____________ De lignes ? ____________

5 **Relie** la bonne phrase à l'image. **Recopie** les phrases interrogatives.

C'est formidable !

Où allez-vous ce matin ?

Qui est la plus belle ?

Fais attention !

____

____

6 **Entoure** en vert les phrases interrogatives et en bleu les phrases exclamatives.

Quelle heure est-il ?

Au secours !

Comment fais-tu pour plonger ?

As-tu ton maillot de bain ?

Que l'eau est bonne !

Combien d'élèves savent nager ?

+ Avez-vous retrouvé la clé ?

Allez, vite, au lit !

7 **Ajoute** le point qui convient à la fin des phrases : . ! ?

Des élèves regardent des médailles dans une vitrine ☐

Pierre pose une question au maitre ☐

Qui a gagné toutes ces médailles ☐

Il y a deux ans, des élèves de CE1 ont remporté le tournoi ☐

Oh, ils étaient forts ☐

+ Julie interroge le maitre ☐

+ Va-t-on participer au tournoi cette année ☐

8 **Dictée-débat**

____

____

le 15/03/2022

3. Qu'est-ce qu'un verbe ?

Je découvre

1 **Observe** chaque image puis **lis** les phrases. Quelle information manque-t-il ?

Léo ~~a~~ court .... dans la forêt.

Léo joue .... dans la forêt.

Léo mange .... dans la forêt.

Complète chaque phrase. Les mots que tu as ajoutés désignent-ils des animaux, des objets ou des actions ? Comment s'appellent ces mots ?

~~veb~~ verbe

2 **Entoure** dans chaque phrase le mot qui indique ce que fait l'oiseau. Puis **dessine** ce qu'il fait.

L'oiseau vole au-dessus de l'arbre.

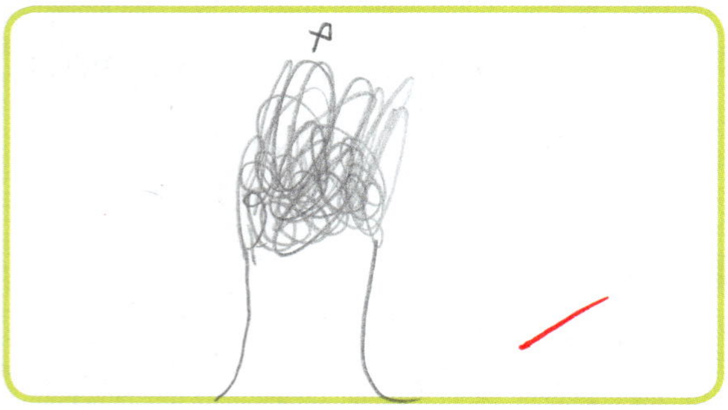

Tous les jours, l'oiseau mange.

3 **Lis** ces étiquettes. Que manque-t-il pour écrire deux phrases ?

a. | Pauline | à l'école. | Pauline est partie à l'école

b. | L'enfant | ses camarades. | ~~les les sa. ca le~~

Invente deux étiquettes pour **écrire** deux phrases. Puis **compare** avec ton voisin.

4 **Lis** ce texte. Puis **entoure** le mot qui indique ce que fait Paul dans chaque phrase.

Paul arrive de l'école. Il entre dans la maison. Il pose son cartable dans sa chambre. Puis, dans la cuisine, Paul déguste un bon gouter avec son frère.

Combien y a-t-il de verbes ? ....

Qu'avons-nous appris ? → Mémo p. 25

5 **Trouve** cinq verbes dans cette image. **Écris**-les.

6 **Relie** les noms aux verbes qui conviennent pour construire des phrases qui ont du sens.

L'avion •   • galope.
Le cheval •   • souffle.
Le vent •   • décolle.

Recopie la phrase qui correspond au dessin.

7 **Entoure** le verbe de chaque phrase.

Le cuisinier prépare le repas.
La cuisinière découpe la viande.
L'apprenti épluche les légumes.

✚ Eva s'endort sur le canapé.
✚ Une petite lampe éclaire le salon.
✚ Le médecin soigne la blessure.

8 **Écris** le verbe qui indique l'action que fait chaque personnage.

une nageuse → ……
un jongleur → ……
le chercheur → ……

✚ la dessinatrice → ……
✚ un cuisinier → ……
✚ le bavard → ……

9 **Complète** ces phrases avec un verbe.

Le chien …… .

Le chien …… .

4. Que désigne un nom ?

Je découvre

1 **Relie** chaque mot à son dessin.

fille •

boulanger •

chien •

• verre

• bonheur

• arbre

Comment appelle-t-on ces mots ? ______________________

Que désignent-ils ? Pourquoi le mot *bonheur* n'est-il pas illustré ?

2 **Classe** ces noms dans le tableau.

tasse – chat – ogre – bébé – loup – feu

des personnes	des animaux	des objets, des choses

3 **Entoure** en vert les noms qui désignent une chose et en bleu les noms qui désignent une idée.

chaussure – douleur – collier – vélo – stylo – vérité – fleur – mensonge

Peut-on dessiner les noms qui désignent une idée ?

4 **Dessine** une tour puis la tour Eiffel.

une tour

la tour Eiffel

Compare tes dessins à ceux de tes camarades. Pourquoi vos tours Eiffel se ressemblent-elles ?

5 **Relie** les noms de la liste **a** à la personne, l'animal ou le lieu particulier de la liste **b**.

a. une ville • un musicien célèbre • un chien courageux •

b. • Milou • Mozart • Paris

Quel est le point commun des noms de la liste **b** ?

Comment appelle-t-on ces noms ? ______________________

Qu'avons-nous appris ? → Mémo p. 26

Je m'entraîne

6 **Classe** ces noms dans le tableau.

médecin – girafe – bureau – bol – vérité – maison – clown – agneau – joie
+ courage – soleil – tigre – tristesse

une personne	un animal	un objet, une chose	une idée

7 **Entoure** en bleu les noms communs et en vert les noms propres.

Noé – voiture – Lyon – facteur – piscine – taureau – Picasso – cahier
+ Brest – Napoléon – cinéma – montagne – Noël – lumière

8 **Classe** ces noms dans le tableau.

César – la ville – un facteur – un enfant – la Corse – la mer – Lucie
+ un débutant – les Alpes – un lac – Zorro

une personne	une personne particulière	un lieu général	un lieu particulier

9 **Relis** ce passage de l'histoire de *La soupe au caillou* et **entoure** les noms propres.

Le maire du village répond :

– Comment vous faire confiance, vous qui avez mangé tant d'enfants ! N'est-ce pas vous qui avez essayé de manger les frères du Petit Poucet, Zéralda, Jacques, et bien d'autres ?

10 **Dictée-débat**

5. Quels mots composent un groupe nominal simple ?

Je découvre

1 **Observe** cette illustration. De *qui* ou de *quoi* s'agit-il ?

un chat
le chat
mon chat

Combien de mots différents a-t-on utilisés pour parler du chat ?
Entoure le mot placé devant le nom. Peut-on supprimer ce mot ?

Comment appelle-t-on le mot placé devant le nom ? ______

2 **Lis** ces groupes nominaux. **Entoure** le déterminant.

a. un village — son village — mon village — ce village
b. la boussole — sa boussole — ma boussole — cette boussole

Combien vois-tu de mots dans ces groupes nominaux ? ______

Dans les listes **a** et **b**, quel mot est toujours là ? ______ Pourquoi ?

Quels renseignements donnent les déterminants sur le nom ?

3 **Cherche** d'autres déterminants avec tes camarades.

______

4 **Lis** les groupes nominaux suivants et **entoure** les déterminants.

a. le fleuve – un crocodile – la fête – une carte
b. l'enfant – l'arbre – l'étoile – l'image

Souligne la première lettre du nom qui suit le l'.

De quel type de lettre s'agit-il ? ______

Comment nomme-t-on l['] ? ______

5 **Cherche** d'autres groupes nominaux qui s'écrivent avec l'.

______

______

Qu'avons-nous appris ? → Mémo p. 27

Je m'entraîne

6 **Relie** les bons déterminants au nom.

le •		la •		un •		une •	
ma •	• **doigt**	sa •	• **main**	l' •	• **visage**	son •	• **jambe**
son •		un •		ce •		ta •	

7 **Entoure** le nom et **souligne** le déterminant dans les groupes nominaux.

un camion – la voiture – mon vélo – ta trousse – son pull

+ sa trottinette – ce stylo – notre classe – cette plante

8 **Entoure** le nom et **souligne** le déterminant dans les groupes nominaux.

Le car est en retard. Nous rentrons dans **la classe** en silence. Julie me prête **sa règle**. **Mon frère** a **un bouton** sur **son nez**.

+ **Une comédienne** est venue à **l'école**, **ce matin**.

9 **Relie** chaque nom au bon déterminant.

le •	• main	le •	• avion	le •	• titre
la •	• oreille	la •	• train	la •	• auteur
l' •	• nez	l' •	• moto	l' •	• page

10 **Complète** chaque nom avec un déterminant différent.

_____ cahier – _____ feuille – _____ stylo – _____ craie – _____ image

+ _____ chanson – _____ musique – _____ orchestre – _____ disque

11 **Complète** le texte avec ces déterminants : la, le, la, un, une, sa, son.

Le dimanche, Livio va à _____ piscine avec _____ papa. Il se dirige vers _____ petit bassin et met _____ ceinture avec des flotteurs. Aujourd'hui, il va ramasser _____ anneau au fond de l'eau. _____ petite sœur est restée à _____ maison.

12 **Dictée-débat (sur ton cahier)**

6. Peut-on ajouter des mots dans un groupe nominal ?

Je découvre

1 **Observe** l'illustration et **entoure** dans chaque phrase le mot indiquant qui dort.

Un chat dort.

Un chat gris dort.

Un petit chat gris dort.

Compte le nombre de mots dans chaque phrase.
Quelle information supplémentaire a-t-on sur le chat dans la 2e et la 3e phrase ?

2 **Lis** ces groupes nominaux et **entoure** le nom.

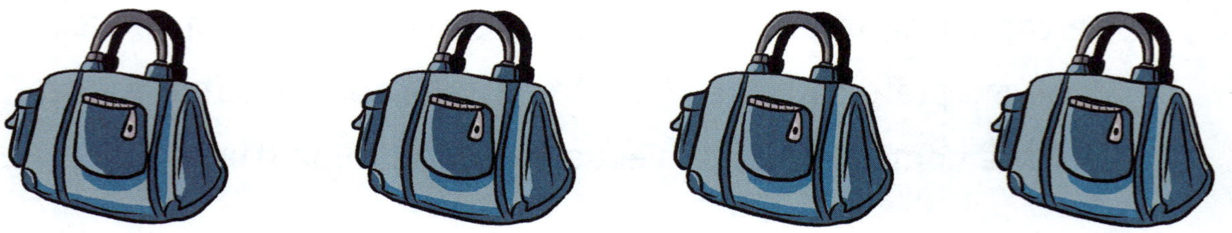

un sac — un gros sac — un sac neuf — un gros sac neuf

Compte le nombre de mots dans chaque groupe nominal.
Quels renseignements a-t-on ajoutés pour parler du sac ?

Quels mots reviennent toujours ? ____________________

3 **Lis** chaque groupe nominal et **entoure** le nom.

un jeune enfant • un enfant désobéissant • un jeune enfant désobéissant

Souligne les mots que l'on a ajoutés autour du nom.
Où sont-ils placés par rapport au nom ?
Donnent-ils des renseignements dont on pourrait se passer ?

4 **Barre** les mots que tu peux supprimer dans chaque groupe nominal.
Écris les mots qui restent. Attention, on doit comprendre de quoi on parle !

une craie blanche	un gros nuage	une belle maison neuve
____________	____________	____________

Quels mots restent ? ____________________ Pourquoi ?

Qu'avons-nous appris ? → Mémo p. 28

5 **Entoure** le nom dans chaque groupe nominal.

un musicien	une fleur	une voiture
un musicien célèbre	une jolie fleur	une belle voiture neuve
+ un gâteau délicieux	une immense plage	un petit poisson rouge

6 **Complète** les groupes nominaux avec les mots proposés puis **entoure** les noms.

image – un – chaude

______ crayon rouge   une belle ______   une soupe ______

+ ma – tableau – triste

ce ______ ancien   un clown ______   ______ petite sœur

7 **Barre** les mots que tu peux supprimer dans chaque groupe nominal.
Recopie chaque groupe nominal simple.

la maison bleue   la grosse marmite   les petits chats noirs

______   ______   ______

+ sa belle casquette rouge   + une petite pomme rouge

______   ______

8 **Entoure** chaque groupe nominal dans les phrases et **souligne** le nom.

Ce manteau est neuf.   Ta cousine arrive demain.

+ Mon petit frère dort.   + Ma sœur adore les pommes.

9 **Choisis** un animal. **Écris** un groupe nominal précis pour que l'on trouve l'animal que tu as choisi.

①

②

③

7. Comment reconnaitre un nom et un verbe ?

Je découvre

1 **Dessine** les mots suivants :

fleur
un nom

raconter
un verbe

Quel mot as-tu dessiné le plus facilement ? ____________________ Pourquoi ?

2 Classe ces mots dans le tableau : cuillère – trouve – parle – pomme.

les noms	les verbes

Que désignent les verbes ?

3 **Entoure** les mots devant les noms.

la pile – le jour – un rat –
une jupe – la soupe

Entoure les mots devant les verbes.

il lit – il dort – elle joue –
elle nage – elle chante

Quels mots peut-on mettre devant les noms ? ____________________

Quels mots peut-on mettre devant les verbes ? ____________________

4 **Ajoute** devant chaque mot : un – une – il *ou* elle.

______ marmite – ______ mange – ______ assiette – ______ couteau –
______ marche – ______ verre – ______ boit – ______ cuillère

Quel est le mot piège ? Pourquoi ? ____________________

5 **Entoure** les noms en bleu et les verbes en rouge.

mange – souligne – plante – repas – menu – prépare – cuisine – couteau

Il y a des mots pièges. Lesquels ? Explique pourquoi.

____

Qu'avons-nous appris ? → Mémo p. 29

Je m'entraîne

6 **Relie** les mots qui vont ensemble.

une •	• piscine • tartine • dessine • termine	elle •	• mange • orange • change • page	+ un •	• papier • colorier • collier • panier

7 **Entoure** seulement les noms.

rivière – il – gardien – costume – ouvrir – sa – bureau – carte – bonnet

+ cueillir – ciel – pour – poisson – sortir – garage

8 **Entoure** les noms en bleu et les verbes en rouge.

escalier – grimper – courir – décor – course – dormir

+ voiture – faire – écrire – balle

9 **Complète** chaque phrase avec : un – une – il.

______ oiseau se pose sur ______ branche d'arbre.

______ observe ______ renard.

+ ______ train arrive, ______ freine et ______ s'arrête.

10 **Écris** le verbe qui correspond à chaque nom : un nageur → il nage.

une danse → ______ une visite → ______

une recherche → ______ une marche → ______

+ **Entoure** le nom ou le verbe qui convient pour faire une phrase.

Un client téléphone et ⟨ il commande / une commande ⟩ pour son jardin ⟨ il plante / une plante ⟩ fleurie.

11 **Relis** le texte de *La soupe au caillou*. **Précise** si chaque mot en gras est un nom ou un verbe.

L'eau frémit dans la **marmite**. L'ogre s'approche et **ajoute** son joli **caillou**. Les enfants sont fascinés. Pour gouter la **soupe**, l'ogre **demande** une **cuillère**. La **fille** du menuisier se **propose** d'aller chercher une cuillère.

12 **Dictée-débat (sur ton cahier)**

8. Qu'est-ce qu'un nom singulier ou un nom pluriel ?

Je découvre

1 **Observe** les dessins et **dis** ce que tu vois.

Écris sous chaque dessin le groupe nominal qui convient.

une tasse – un livre – des tasses – des livres

Entoure le mot qui t'a permis de choisir le groupe nominal qui convient.

Comment s'appelle-t-il ? ____________________

2 **Dessine :**

une assiette | des assiettes

As-tu dessiné le même nombre d'assiettes que tes camarades ?
Quelle information donne le déterminant des ?

3 **Classe** les déterminants en deux groupes : déterminants singuliers ou déterminants pluriels.

le – des – mon – les – sa – tes – une – mes – un – la – son – ses

Déterminants pluriels : ____________________

Déterminants singuliers : ____________________

4 **Lis** les groupes nominaux suivants.

un bol → **des** bols • une tarte → **des** tartes • une chaise → **des** chaises

Entoure la lettre que l'on a ajoutée quand les noms désignent plusieurs objets.

5 **Ajoute** les ponts pour justifier le s du pluriel. Exemple : **des** histoire**s**

une aventure – des aventures • le poète – les poètes

Qu'avons-nous appris ? → Mémo p. 30

6 **Classe** en deux colonnes les groupes nominaux singuliers et pluriels.

une bouteille – des tasses – les étoiles – un chemin – des chaises –
+ une équipe – les poules – une dizaine

groupe nominal singulier	groupe nominal pluriel

7 **Complète** chaque nom avec le bon déterminant : le – la – les. **Ajoute** les ponts pour t'aider.

_____ cuisine _____ tartines _____ lunettes _____ verre

_____ couverts _____ confitures _____ placard _____ plats

8 **Écris** le pluriel des groupes nominaux. **Ajoute** les ponts.

un potager → des _____ une brouette → des _____

+ une table → des _____ un légume → des _____

9 **Observe** ces dessins et **écris** ce que tu vois. Fais attention au pluriel.

_____ _____ _____ _____

10 **Observe** cette illustration. **Trouve** deux groupes nominaux au singulier et deux au pluriel. **Écris**-les.

9. Comment reconnaitre les deux parties d'une phrase simple ?

Je découvre

1 **Lis** ces phrases. Quelle information manque-t-il ?

__________ transporte une miette de pain.

__________ vole rapidement.

Complète ces phrases en recopiant la bonne étiquette :

Une petite fourmi | Un aigle

Combien de parties composent chaque phrase ? __________

2 **Lis** ces phrases et **entoure** les deux parties.

La famille joue aux cartes.

Le chien joue avec son os.

Mon frère joue au ballon.

Comment appelle-t-on les mots qui indiquent de qui on parle dans la phrase ? __________

Comment appelle-t-on le ou les mots qui indiquent ce que l'on fait ? __________

3 **Complète** les phrases avec le sujet qui convient.
Pour trouver le sujet, tu peux poser la question : qui ? ou qu'est-ce qui ?

Le train | L'oiseau | Le bébé

__________ dort. *Qui dort ?*

__________ fait son nid. *Qui fait son nid ?*

__________ ralentit brusquement. *Qu'est-ce qui ralentit ?*

4 **Entoure** en bleu de *qui parle la phrase* (le sujet) et en rouge *ce qu'on en dit* (le groupe verbal).

Un élève pleure.

Un élève sourit.

Un élève recopie sa poésie.

Un élève observe les étoiles filantes.

De combien de mots est composé le groupe verbal selon les phrases ?

Comment s'appelle le mot que l'on retrouve toujours dans le groupe verbal ?

____

Qu'avons-nous appris ? → Mémo p. 31

Je m'entraine

5 **Entoure** les deux parties de ces phrases simples (le sujet et le groupe verbal).

Le camion s'arrête.
Ma sœur fait de la luge.
+ Le moniteur de ski est tombé.
Léa connait bien la région.
Tous les élèves chantent.
+ Mes petits voisins sont sages.

6 **Recopie** les mots qui indiquent *de quoi parle la phrase (le sujet)*.

Le camion bloque la rue. ....
Le chalet sent bon le bois. ....
Le parapluie protège de la pluie. ....

+ Après l'école, les cars ramènent les élèves chez eux. ....

7 **Complète** les phrases avec le sujet qui convient.

L'entraineur – Le chanteur – Les premières neiges – Le cinéma

.... propose trois films ce soir.
.... donne quelques explications.
.... a oublié les paroles de sa chanson.
+ .... recouvrent la montagne.

8 **Recopie** le groupe verbal de chaque phrase.

Le jeune chien aboie. → ....
Le jardinier nettoie le jardin. → ....
La pendule donne l'heure exacte. → ....
+ Tous les élèves ont recherché la solution. → ....

9 **Complète** ce texte avec les sujets qui conviennent.

les volets – la maitresse – Manon – Leur maison – Sa famille

.... est nouvelle dans notre école. .... a déménagé la semaine dernière. .... est toute blanche et .... sont bleus. Hier, ... a organisé un gouter de bienvenue.

10 **Observe** cette illustration et **écris** deux phrases.

10. Comment reconnaitre un verbe conjugué ?

Je découvre

1 **Lis** ces phrases et **entoure** le verbe.

Emma danse.

Pierre et Emma dansent.

Nous dansons.

Que **remarques**-tu à la fin des verbes ?

Quand le verbe change, on dit qu'il est ______________________.

2 **Lis** les phrases.

Léa saute à la corde.

Les enfants sautent à la corde.

Nous sautons à la corde.

De quel verbe s'agit-il ? ______________________

Comment désigne-t-on un verbe ? Par son ______________________.

3 **Classe** les différentes formes des verbes dans les trois colonnes.

venez – fait – parlons – parle – faisons – vient

faire	parler	venir

4 **Entoure** la forme du verbe qui convient dans chaque phrase.

Le garagiste réparer / répare la voiture.

Le cycliste rouler / roule sur la piste.

Mes cousins venir / viennent en train pour les fêtes.

Comment est le verbe dans chaque phrase ?

Le verbe est ______________________.

Qu'avons-nous appris ? → Mémo p. 32

Je m'entraine

5 **Classe** ces verbes dans le tableau.

partons – partir – pars – dire – disent – dit – gagnons – gagner – gagne

verbes à l'infinitif	verbes conjugués	

6 **Relie** chaque verbe conjugué à son infinitif.

venons •	• chercher
fait •	• venir
cherche •	• faire

+ dessine •	• choisir
vais •	• dessiner
choisis •	• aller

7 **Écris** l'infinitif des verbes conjugués.

Le maitre écoute ses élèves.

Les nuages cachent le soleil.

+ Les voitures roulent à droite.

+ Le bébé avale son biberon tout seul.

8 **Recopie** chaque phrase en remplaçant le verbe conjugué par son infinitif.

Calcule cette opération.

Découpe avec soin.

+ Lave les légumes.

+ Ajoute du sel sur les légumes.

9 **Lis** ce texte et **entoure** le verbe de chaque phrase. Que **remarques**-tu ?

Recette des rochers coco

Mettre tous les ingrédients dans un plat creux.

Mélanger pour obtenir une pâte lisse.

Déposer des petites boules de pâte sur une plaque beurrée.

Enfourner dans un four chaud à 200 °C et cuire 10-15 min.

Ingrédients :

- *blancs de 3 œufs*
- *125 g de noix de coco râpée*
- *120 g de sucre en poudre*

10 **Dictée-débat (sur ton cahier)**

11. Qu'est-ce qu'un pronom ?

Je découvre

1 **Lis** ces phrases. **Entoure** les mots qui sont remplacés par ceux en gras.

– Où as-tu rangé la trottinette ? – **Elle** est rangée dans le garage.

– Où as-tu rangé le vélo ? – **Il** est rangé dans le garage.

– Où as-tu rangé les trottinettes ? – **Elles** sont rangées dans le garage.

– Où as-tu rangé les vélos ? – **Ils** sont rangés dans le garage.

Comment appelle-t-on les mots il, ils, elle, elles ? ....

2 **Lis** les phrases de la colonne **A**. **Entoure** les sujets du verbe tomber.

A	B
Une pomme tombe sur le sol.	Elle tombe sur le sol.
Un fruit tombe sur le sol.	Il tombe sur le sol.
Des pommes tombent sur le sol.	Elles tombent sur le sol.
Des fruits tombent sur le sol.	Ils tombent sur le sol.

Repère les pronoms des phrases de la colonne **B**. Que remplacent-ils ?

Quelle information donnent-ils dans les phrases ?

Comment appelle-t-on la fonction de ces pronoms ?

....

3 **Lis** ces textes.

a. La moto ralentit. La moto s'arrête au feu.
Puis, la moto repart au feu vert.

b. La moto ralentit. Elle s'arrête au feu.
Puis, elle repart au feu vert.

Dans le texte **b**, pourquoi a-t-on utilisé le pronom elle ?

....

4 **Lis** ces phrases.

Le vent souffle. Le vent arrache les feuilles de l'arbre. Puis le vent se calme.

Par quel pronom peux-tu remplacer le vent dans la 2e et la 3e phrase ? ....

Qu'avons-nous appris ? → Mémo p. 33

Je m'entraîne

5 Relie les pronoms sujets aux groupes nominaux qu'ils peuvent remplacer.

il	elle	ils	elles

6 Recopie chaque phrase en remplaçant le sujet par le pronom qui convient.

<u>Le pigeon</u> picore du pain sec. → ____________

<u>Les danseuses</u> ont mal aux pieds. → ____________

<u>Mon orange</u> est bien juteuse. → ____________

+ <u>Les touristes</u> prennent des photos. → ____________

7 Complète chaque phrase avec : il, elle, ils ou elles.

La montre s'arrête, ______ est cassée.

Sacha aime cuisiner, ______ sait faire de délicieuses tartes.

Les étoiles apparaissent avec la nuit, ______ scintillent dans le ciel noir.

+ Tom et Léo cherchent un trésor, ______ creusent des trous sur la plage.

8 Recopie chaque phrase en remplaçant le pronom par un groupe nominal de ton choix.

Il vend des croissants. → ____________

Elles sont garées dans le parking. → ____________

Ils ont oublié le piquenique. → ____________

Elle a une grande cheminée. → ____________

+ Elles sont jolies. → ____________

9 Remplace certains sujets par des pronoms pour éviter les répétitions.

Martin marche dans la forêt. **Martin** ______ voit des petites fourmis. **Les petites fourmis** ______ transportent des graines. **Les graines** ______ sont aussi grosses que les fourmis. **Martin** ______ est très impressionné. **Martin** ______ appelle sa sœur.

10 Dictée-débat (sur ton cahier)

12. Comment reconnaitre qu'un verbe est conjugué au : passé, présent ou futur ?

Je découvre

1 **Observe** les dessins et **dis** ce que tu vois. Puis **lis** les phrases.

Laura jouait avec des cubes.

Laura joue aux billes.

Laura jouera aux échecs.

Complète oralement ces phrases avec : avant, en ce moment, plus tard.

Quels mots t'ont aidé(e) ? ______________________

2 **Complète** chaque phrase par : Hier – Maintenant – Bientôt.

______________ Rémi chantera avec sa classe.

______________ Rémi chante avec sa classe.

______________ Rémi chantait avec sa classe.

Quelle partie du verbe t'a indiqué qu'il s'agissait de hier, de maintenant ou de demain ? ______________________

3 **Classe** chaque verbe selon le temps qu'il exprime.

il a gagné – elle gagnera – il écoute – elle sortira – il gagne – il chantait

Ce qui s'est passé avant.	Ce qui se passe maintenant.	Ce qui se passera après.
______________	______________	______________
______________	______________	______________

4 **Entoure** la forme du verbe qui convient.

En ce moment, l'araignée tisse / tissera / a tissé sa toile.

Autrefois, le seigneur organise / organisera / organisait des tournois.

Dans trois jours, la fête du village commence / commencera / a commencé.

Le verbe change selon le moment de l'action :

______________ ______________ ______________

Qu'avons-nous appris ? → Mémo p. 34

Je m'entraîne

5 **Complète** les phrases avec : Aujourd'hui – Demain – Autrefois – Hier.

_______________, mon chien a volé un gigot sur la table.

_______________, j'irai chez le coiffeur.

_______________, les marchands se déplaçaient de village en village.

_______________, Chloé et Jasmine portent la même robe.

6 **Recopie** dans chaque phrase la forme du verbe qui convient.

faisait / fera — L'année dernière, Livio _______ du judo.

ont réparé / répareront — Avant-hier, les maçons _______ l'escalier.

+ rentrait / rentrera — Ma sœur _______ à l'université l'année prochaine.

7 **Classe** chaque verbe selon le temps qu'il exprime.

Elle a oublié. – Ils regarderont. – Ils ont réussi. – Elle voyage. – Il cherchera.

+ Il dormait. – Elle voyagera. – Ils jonglent.

Ce qui s'est passé avant.	Ce qui se passe maintenant.	Ce qui se passera après.

8 **Écris** trois phrases avec les mots suivants.

La semaine dernière,		cuisinera.
En ce moment,	mon père	a cuisiné.
Après-demain,		cuisine.

9 **Écris** trois phrases pour raconter ce qui s'est passé avant ce qui est représenté sur cette image, ce qui se passe maintenant et ce qui se passera après.

13. Comment repérer le sujet du verbe ?

Je découvre

1 **Entoure** les mots qui indiquent : *qui* ou *ce qui* fait l'action, puis **dessine**-les.

L'autobus arrivera en retard.

Le professeur arrivera en retard.

Comment appelle-t-on les mots qui disent : *qui* ou *ce qui* fait l'action ?

____

Où est placé le sujet par rapport au verbe ?

2 **Entoure** le sujet dans chaque phrase.

L'enfant joue dehors.

Le chien joue dehors.

Quelle question peux-tu poser pour trouver le sujet ?

______________ joue dehors ?

→ C'est ______________ qui joue dehors.

3 **Entoure** le sujet dans chaque phrase.

Le livre tombe de la table.

Un stylo tombe de la table.

Quelle question peux-tu poser pour trouver le sujet ?

______________ tombe de la table ?

→ C'est ______________ qui tombe de la table.

4 **Pose** la bonne question pour trouver le sujet du verbe, puis **souligne** ce sujet.

La fée protège la princesse.

La gentille fée protège la princesse.

Elle protège la princesse.

______________ protège la princesse ?

Combien de mots peuvent composer le sujet ?

Le sujet peut être composé de ______________________.

Qu'avons-nous appris ? → Mémo p. 35

5 **Entoure** le verbe en rouge et le sujet en bleu dans chaque phrase.

Il arrêtera le voleur.

La bibliothécaire prête des livres.

+ Le camion blanc est très chargé.

La crémière a livré ses fromages.

Mon stylo-bille fonctionne mal.

+ La balle de tennis est ronde.

6 **Complète** chaque phrase avec le sujet qui convient.

Louise et Paulo – Le chef d'orchestre – Le tournoi des CE1 – La clé

______ lève sa baguette.

______ n'entre pas dans la serrure.

______ sont prêts pour le match.

______ commence dans dix minutes.

7 **Remplace** le sujet de chaque phrase par un autre sujet.

Le lapin joue dans le jardin. → ______

Le train arrive en retard. → ______

+ La moto est garée sur le trottoir.

→ ______

8 **Relie** chaque sujet à un verbe et **complète** la phrase.

Sujet	*Verbe*	
Ce magasin •	• a visité	______.
Le camion •	• finissent	______.
Mon frère •	• transporte	______.
Les élèves •	• vend	______.

9 **Entoure** les sujets des verbes en gras.

Cette semaine, notre classe **étudie** l'histoire de Napoléon. Napoléon **était** un empereur. Pendant son règne, l'empereur Napoléon **divisa** la France en départements. Il **créa** aussi les lycées. La maitresse **connait** bien son histoire.

10 **Dictée-débat (sur ton cahier)**

Je découvre

14. Quel est le rôle du sujet sur la terminaison du verbe ?

1 **Écris** les mots qui manquent en choisissant parmi cette liste :

un enfant – des enfants – un élève – des élèves – mon frère – mes camarades

______________ écoute. ______________ écoutent.

Que **remarques**-tu à la fin du verbe quand le sujet est au singulier ? Au pluriel ?

2 **Lis** ces phrases et **recherche** les sujets au singulier et ceux au pluriel.

Le chat ronronne. Au lever du soleil, le coq chante.

Les chat**s** ronronn**ent**. Au lever du soleil, le**s** coq**s** chant**ent**.

Répète les verbes à haute voix. Que **remarques**-tu ?
Observe les terminaisons. Que **remarques**-tu ?

3 **Classe** les phrases selon leur sujet.

Léa jongle. – L'artiste jongle. – Les artistes jonglent. – Ce garçon jongle. – Il jongle. – Thomas et Luc jonglent. – Elles jonglent. – Mes frères jonglent.

sujet au singulier	sujet au pluriel

Observe les sujets. Combien de mots peuvent-ils avoir ? ______________

Quelle est la terminaison des verbes avec un sujet au singulier ? ______

Quelle est la terminaison des verbes avec un sujet au pluriel ? ______

Qu'avons-nous appris ? → Mémo p. 36

Je m'entraîne

4 **Entoure** la terminaison des verbes. Puis **relie** aux sujets possibles.

L'oiseau •		La petite fille •	
Il •	• chante.	Samia et Léa •	• dessine.
Les oiseaux •	• chantent.	Elle •	• dessinent.
Ils •		Elles •	

5 **Recopie** chaque phrase en choisissant le sujet qui convient. **Ajoute** les ponts.

(Le lapin / Les lapins) aiment les carottes.

(Le bébé / Les bébés) dévore un gâteau.

(Le coureur / Les coureurs) démarrent au coup de sifflet.

+ Ce soir, (mon frère / mes frères) participe à une compétition.

6 **Entoure** en rouge les sujets au singulier et en bleu les sujets au pluriel.

Mes cousins écoutent la radio. • Mes nièces regardent trop la télévision. Ma voisine joue aux jeux vidéo. • Il prend des photographies. + La famille recherche un bon film. • + Elles enregistrent l'émission.

7 **Récris** chaque phrase en mettant le sujet au pluriel. Fais attention aux accords.

La rose parfume la pièce. → Les roses ______.

Un élève frappe à la porte. → Des élèves ______.

+ Le chirurgien opère ce soir.

→ Les chirurgiens ______.

8 **Observe** le dessin et **écris** deux phrases différentes : l'une qui parle de l'enfant, l'autre des chatons.

1. Qu'est-ce que des mots d'une même famille ?

Je découvre

1 **Nomme** les dessins. Qu'ont-ils de commun dans chaque série ?

a.

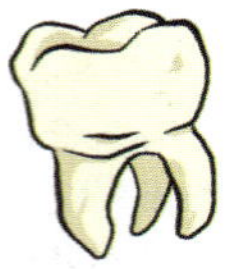

une dent

un dentiste

un dentifrice

b.

un citron

un citronnier

une citronnade

Pourquoi a-t-on rassemblé ces mots par liste ?
Pourquoi dit-on que les mots de la liste **a** et ceux de la liste **b** sont des mots d'une même famille ?

2 **Entoure** ce qui a été ajouté à la partie commune des mots d'une même famille.

a. un plant – planter – une plantation – un planteur

b. faire – défaire – refaire

Où ajoute-t-on quelque chose à la partie commune d'un mot pour former un autre mot de la même famille ?

3 **Entoure** le son (in) et le son (an).

un peintre – une peinture – peindre – repeindre

un chant – un chanteur – une chanteuse – chanter

Comment s'écrivent le son (in) et le son (an) dans ces listes de mots d'une même famille ?

Qu'avons-nous appris ? → Mémo p. 56

Je m'entraîne

4 **Entoure** l'intrus dans chaque ligne.

facile – une facilité – une ficelle – facilement – faciliter

un ami – amical – une mine – l'amitié – amicalement

5 **Écris** un mot de la même famille.

nager → ______ un branchage → ______

planter → ______ un laitage → ______

danser → ______ un arrosage → ______

6 **Entoure** de la même couleur les mots de la même famille.

un grain – tôt – grand – aussitôt – une graine – grandir – bientôt – grandeur – un grainetier – tantôt

+ le vent – un vendeur – un garde – un éventail – une vente – garder – un ventilateur – vendre – un gardien

7 **Lis** ces phrases et **choisis** la bonne écriture pour compléter chaque mot.

J'ai mal à une **dent**, je vais chez le d____tiste. Le **peintre** a mis une belle p____ture dans ma chambre. Le **pommier** a de belles p____es.

+ Le **jardinier** arrose le jard____. Le **caissier** vide sa c____sse.

8 **Écris** les mots de la famille de arroser. Puis **choisis** un de ces mots pour écrire une phrase.

______ ______ ______

______

2. Quels mots indiquent quand se déroule une action ?

Je découvre

1 **Décris** ces dessins.

passé — présent — futur

Quels mots as-tu employés pour indiquer quand cela se passe ?

2 **Lis** les phrases. **Entoure** les mots qui indiquent quand se passe l'action.
Numérote les phrases dans le bon ordre.

☐ Ce matin, c'est la rentrée des classes.

☐ Hier, nous avons préparé nos cartables.

☐ Demain, nous serons à l'heure à l'école.

3 **Écris** ces mots dans les bonnes colonnes.

en ce moment – il y a deux jours – maintenant – bientôt – dans une semaine – hier – l'année prochaine – le mois dernier

passé	présent	futur

4 **Écris** chaque mot au bon endroit sur la ligne du temps.

dans trois ans – autrefois – avant-hier – après-demain

[ ] — [ ] — **en ce moment** — [ ] — [ ]

Qu'avons-nous appris ? → Mémo p. 57

Je m'entraîne

5 **Complète** les phrases avec les mots suivants.

En ce moment – Avant-hier – Après-demain – Dans un mois

______________________, Manon prend sa douche.

______________________, nous irons voir une amie.

______________________, le cirque est arrivé dans le village.

______________________, mon frère aura un an.

+ Il y a quelques semaines – Dans quelques semaines

______________________, j'ai acheté un petit lapin.

______________________, il sera adulte.

6 **Écris** ces mots dans les bonnes colonnes.

autrefois – actuellement – bientôt – il y a quelques semaines – maintenant – plus tard

passé	présent	futur

+ **Complète** le tableau avec des mots de ton choix.

7 **Numérote** ces trois phrases dans l'ordre des actions.

☐ **Maintenant**, sa maman le fait têter.

☐ **Il y a quelques jours**, le petit âne est né.

☐ **Dans quelques semaines**, il boira de l'eau.

+ **Remplace** chaque mot en gras par un autre mot qui peut convenir.

______________________, le petit âne est né. ______________________ sa maman le fait têter. ______________________, il boira de l'eau.

3. Qu'est-ce que des mots-étiquettes ?

Je découvre

1 **Décris** ces dessins.

animaux

personnes

choses

Explique comment ces dessins ont été regroupés.

2 **Regroupe** ces mots en trois colonnes. **Écris** les étiquettes qui conviennent.

un ours – un livre – un monsieur – une abeille – des spaghettis – une dame – un enfant – une marmotte

Comment as-tu choisi la bonne colonne pour regrouper ces mots ?

3 **Classe** ces animaux dans le tableau.

un loup – une truite – un lion – une sardine – un chien – un cochon – un saumon – une vache – un merle – un perroquet – un pigeon – un ours

des poissons	des oiseaux	des animaux de la ferme	des animaux sauvages

Pourquoi as-tu pu classer ces animaux plus précisément ?

Qu'avons-nous appris ? → Mémo p. 58

4 **Entoure** l'intrus dans chaque liste en t'aidant du mot-étiquette.

nourriture	chocolat – salade – casserole – fromage
couleurs	rose – vert – pruneau – marron – jaune
formes	rond – carré – triangle – règle
pays	la France – la tour Eiffel – l'Angleterre – l'Espagne

5 **Écris** le mot-étiquette de chaque liste.

a. le printemps – l'été – l'automne – l'hiver ....

b. un poireau – une carotte – des épinards – des courgettes ....

c. une pomme – une poire – une pêche – une prune ....

d. Pierre – Sophie – Léo – Tiphaine – Julie ....

+ **Écris** deux mots dans la colonne de chaque mot-étiquette.

des insectes	de la vaisselle	des instruments de musique
....	....	....
....	....	....

6 **Écris** le mot qui correspond à chaque dessin puis **écris** le mot-étiquette correspondant.

....

des ....

+ **Écris** une phrase avec un nom de jeu de ton choix.

....

4. À quoi servent les préfixes et les suffixes ?

Je découvre

1 **Recopie** les mots de la même famille. Puis **entoure** dans ces mots ce qui est mis après ou avant le mot range.

a. Léo **range** sa chambre.

b. Il fait un beau **rangement**.

c. Mais son petit frère **dérange** tout à nouveau.

Comment appelle-t-on le morceau de mot ajouté avant ?

Et celui ajouté après ?

2 **Entoure** les deux mots de la même famille dans chaque ligne.

a. Manon n'est pas heureuse. Elle est **mal**heureuse.

b. Ce comportement n'est pas correct. Il est **in**correct.

c. Un homme a chargé un colis dans un camion, il le **dé**chargera ensuite.

d. Jonathan joue un morceau de flute puis le **re**joue encore une fois.

Qu'indiquent les préfixes dé, mal et in ?

Qu'indique le préfixe re ?

3 **Entoure** les deux mots de la même famille dans chaque phrase.

Marie est une petite fille : elle est encore une fill**ette**.

L'ânesse donne à boire à son petit ân**on**.

Le ferm**ier** travaille à la ferme.

Je lave mon linge à la lav**erie**.

Qu'indique le suffixe ette ? Le suffixe on ?

Le suffixe ier ? Le suffixe erie ?

Qu'avons-nous appris ? → Mémo p. 59

Je m'entraîne

4 **Écris** les préfixes re et dé pour compléter les mots.

Je ___lave ma robe car il y a encore des tâches. Léa ___fait sa valise en arrivant. Tom ___coud sa chemise qui est déchirée.

5 **Écris** les préfixes ette ou on pour compléter les mots.

Pour le diner, maman prépare des boul___s de viande.

La cuillère et la fourch___ sont des couverts bien pratiques.

Ma chatte a eu ses petits chat___s hier.

6 **Relie** les mots à leur contraire et **entoure** les préfixes.

visser •	• malhonnête	adroit •	• déranger
honnête •	• impossible	correct •	• maladroit
possible •	• dévisser	ranger •	• incorrect

7 **Lis** ces noms et **classe**-les en quatre colonnes.

une tablette – un jardinier – un raton – une pâtisserie

+ un pompier – un ourson – une crèmerie – une mallette

un objet petit	un métier	un bébé animal	un lieu

8 **Écris** ce que tu vois. **Utilise** un préfixe dans ta phrase.

+ **Écris** ce que tu vois. **Utilise** un suffixe dans ta phrase.

Illustrateurs

Période 1 (p. 5 à p. 24)
Illustrations en rapport avec l'histoire *Une rentrée à l'école des Hérons* (p. 5 à p. 14) : **Jean-Noël Rochut.**
Illustrations en rapport avec l'histoire *La soupe au caillou* (p. 15 à p. 19) : **Magali Clavelet**.
Autres illustrations : **Patrick Gromy** (p. 12) et **David Cathelin** (pp. 22-23).

Période 2 (p. 25 à p. 44)
Illustrations en rapport avec l'histoire *Que la fête commence !* (p. 25 à p. 31, p. 34) et p. 100 (crocodile) : **Aurélie Abolivier**.
Illustrations en rapport avec l'histoire *Pourquoi les conifères...* (p. 35 à p. 39, p. 44) : **Caroline Hesnard**.
Autres illustrations : **David Cathelin** (p. 32) et **Patrick Gromy** (p. 33, 43).

Période 3 (p. 45 à p. 58)
Illustrations en rapport avec l'histoire *Un ours très gourmet* (p. 45 à p. 47, p. 49, 50, 54, 55, 58) : **Joëlle Dreidemy**.
Autres illustrations : **Hélène Crochemore** (p. 48 et 52) et **Patrick Gromy** (p. 56).

Étude de la langue (p. 59 à p. 127)
Dawid : p. 63 (planche, blouse, sucre), 72, 73, 76 (orangeade), 78 (bateau, mariée), 79, 80, 82, 84, 86 (renne), 88, 89 (cocotier, boucle), 90, 93, 94, 95, 96, 97, 100 (chat), 102, 103, 107 (ex. 10), 108, 109, 110, 112, 114,115, 116, 119, 120, 121 (arrosage, arrosoir), 122 (ex. 1), 123, 125, 126, 127.
Patrick Gromy : p. 60, 61, 62, 63 (cravate, moutons, tigre, peinture), 64, 65, 67, 69, 70, 71, 74, 75, 76, 77, 78 (pin, pain), 81, 83, 84 (chêne), 85, 86 (reine), 87, 89 (champignon, mouche), 91, 98, 105, 106, 107 (ex. 9), 113, 118, 121 (jardinier), 122 (ex. 2), 124.

Crédits photographiques

P. 22 cuisine © krsmanovic – Fotolia.com ; **p. 40** *Le géant égoïste*, Oscar Wilde, Lisbeth Zwerger, Éd. Mineditions ; L'*Afrique de Zigomar*, Philippe Corentin, Éd. École des loisirs ; *L'arbre et l'hiver*, Mélissa Pigois, Éd. Belize ; **p. 57 ours** BIS/ Ph. Onkelchen ; **marmotte** © Andreas Resch / Shutterstock.

Générique de l'ouvrage

Conception graphique : **Julie Lannes**
Mise en pages : **Médiamax**
Couverture : **iow 2.10, Domitille Pautonnier**
Édition : **Pascale Costet**
Relecture : **Mélanie Jean**

Achevé d'imprimer en Italie par Rotolito
N° d'éditeur 10230203 - Janvier 2017.